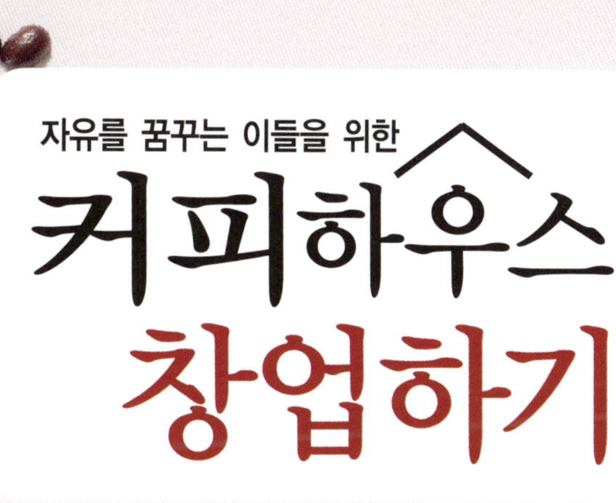

이재후 · 장용호 · 이상우

예신 Books

커피하우스 창업하기

2004년 5월 25일 1판 1쇄
2006년 3월 10일 1판 2쇄
2010년 3월 10일 2판 1쇄

지은이 : 이재후·장용호·이상우
펴낸이 : 남상호

펴낸곳 : 도서출판 예신
www.yesin.co.kr

140-896 서울시 용산구 효창동 5-104
대표전화 : 704-4233 / 팩스 : 715-3536
등록번호 : 제03-01365호(2002. 4. 18)

값 16,000원

ISBN : 978-89-5649-074-8
파본은 교환해 드립니다.

프롤로그

책을 쓴다는 것...

엄청나게 많은 책들이 서점에 나타났다 사라지고 한다. 서점에 서 있으면 그 많은 책에 질리고, 또 그 많은 출판사에 놀란다. 글을 쓴다는 것, 책을 낸다는 것, 과연 어떤 의미를 가지고 있으며 그러한 책의 저자는 어떤 사람들일까? 영화감독이 내가 사는 세상 너머의 세상에 사는 특별한 존재인 것처럼 책의 저자 역시 다른 세상에 사는 존재라고 인식하여 왔다. 그러나 어느 날 문득 책을 내고 싶은 욕심? 아니 비전이 생겼고 그 비전을 함께할 친구들이 곁에 있게 되었다. 아무것도 모르는 만큼 겁도 없고 결과에 대한 부담도 없었기에 무모한 도전을 시작했고, 그 결과 '자유를 꿈꾸는 이들을 위한 커피하우스 창업하기' 란 인테리어/카페창업 컨설팅 책을 출판하였다(예신books, 2004). 쉽지 않은 과정이었지만 책을 낸다는 것이 다른 세상의 일이 아니라는 것을 깨닫게 되었다.

책은 기록이고 생각이다. 내가 가진 생각과 사고를 주장하는 것이고 그 모든 주장이 반드시 다 옳고 맞지만은 않다고 생각하여 왔다. 문학청년이 〈홍당무〉의 프랑스 작가 르나르에게 이렇게 말했다. "저의 목표는 수많은 독자들이 두 번 세 번 반복적으로 읽을 수 있는 작품을 쓰는 것입니다. 어떻게 그런 책을 쓸 수 있을까요?" 르나르가 대답했다. "그런 책을 쓰기 전에 단 한사람의 독자가 끝까지 읽을 수 있는 책부터 써보지." 또 괴테는 이런 말을 남겼다. "처음부터 대작을 쓰려고 하지 마시오. 그런 과욕 때문에 많은 일류 시인들이 고민하였고, 나 역시 그랬소. 그러나 곧 그래서는 아니 되며 그럴 수도 없다는 것을 깨달았습니다. 만일 내가 이 점을 조금만 더 빨리 깨달았으면 백 권의 책을 더 쓸 수 있었을 것입니다." 공병호박사의 〈기록하는 리더가 되라〉를 보면 다음과 같은 글이 나온다.

"글을 쓰는 일은 완벽함과는 거리가 먼 일이다. 물론 완벽한 책을 쓰기 위해 최선을 다하긴 하겠지만, 항상 탈고가 되고 책이 출간된 후에는 아쉬움이 남게 마련이다. 이처럼 불완전한 자신을 받아들이고 완벽함을 향해 나아가는 과정으로 생각하지 않으면 누구든지 단 한 권의 책도 낼 수가 없다.... 어떤 면에서는 조금 용감해져야 한다. 시작은 미약할지 모르지만 여러분이 직업세계와 일상에서 경험한 독특한 것들을 한데 모아서 기록으로 남길 수 있었으면 한다. 실용적으로 자신을 마케팅 하는데서 그 의미를 찾을 수 있겠지만 그것 못지않게 중요한 것은 그런 과정을 통해서 상당한 발전을 이룩할 수 있다는 점이다. ”

글쓰기가 완벽하지 않음을 전제로 함에도 불구하고 책을 내는 일은 많은 부담과 책임을 갖지 않을 수 없었다. 그러나 그 첫발을 내딛는 순간이 있었기에 『커피하우스 창업하기』가 책으로 출판되었고, 북경의 나비가 날개 짓을 하면 뉴욕에 토네이도가 불듯이 이 책을 내는 날개 짓으로 많은 폭풍과 같은 일들이 일어났다. 저자 이재후는 커피 관련 사업에 많은 도움을 받았고, 저자 이상우는 아예 출판일을 하게 되었다. 저자 장용호는 『건축설계탐사』(발언) 등 다른 책들을 출판하게 되었다. 책을 쓴다는 것은 여전히 부담스럽고 책임이 따르는 힘든 일이지만, 그 모든 힘듦을 덮어버리는 기쁨과 성취감이 있기에 앞으로도 여전히 무모한 도전을 계속 하게 되리라는 것을 스스로 알고 있다.

자유를 꿈꾼다는 것...

자유롭지 않다는 것, 힘들다는 것은 세 가지로 나타난다. 육제적인 어려움, 경제적인 어려움, 정신적인 어려움. 어려움은 ‘비자유스러움’ 을 말한다. 사회생활을 하면서 이 세 가지 어려움을 만나게 된다. 계속되는 야근과 철야로 인해 피곤하고 지쳐가며 만나게 되는 육체적 어려움, 하는 일에 비해 만족하지 못하는 연봉으로 인한 경제적인 어려움, 그리고 자신이 생각해 왔고, 나아가고자 하는 방향과 다르게 피동적으로 끌려가며 느끼게 되는 정신적 어려움, 이 세 가지 어려움은 깨어있는 사람이라면 만나게 될 것이고, 우리는 우리가 선택한 직장에서 이 세 가지 어려움을 세 가지의 자유로움으로 바꾸어 나가야 한다. 타의에 의해서가 아닌 자신이 즐기며 하는 근무로 인한 육체적 자유, 많은 실적을 바탕으로 얻게 되는 자기 가치향상으로 경제적 자유, 자기가 원하는 일을 함으로 내 일과 인생의 주인이 됨으로 얻게 되는 정신적 자유. 우리는 이 자유를 꿈꾸고 만들어 나가야 한다. 하지만, 누구나 자유를 꿈꾸지만 누구나 자유로워질 수 있는 것은 아니다.

로버트 로드리게스 감독, 안토니오 반데라스 주연의 〈엘 마리아치〉〈데스페리도〉에 이른 세 번째 시리즈 〈원스 어폰어 타임 인 멕시코〉의 마지막 장면을 보면 이런 대사가 나온다. 영화 내내 치고 박고 싸우고 줄잡아 수십 명은 죽이고 나서 주인공 안토니오 반델라스가 옛날을 회상한다. 여자주인공 카롤리나(셀마헤이엑)가 묻는다. "어떤 삶을 원해?" 남자주인공 엘(안토니오 반데라스)이 대답한다. "자유로운 삶!" "소박한걸…" "결코 그렇지 않아." 이 대사를 마지막으로 자막이 올라간다. 자유로운 삶은 결코 쉽고 소박하고 편한 길이 아니다.

〈개미〉의 작가 베르나르 베르베르는 자유에 대해 이렇게 이야기 했다. "제가 아버지에게서 배운 것 중 중요한 것이 또 하나 있습니다. 자유롭게 사는 방법이 바로 그것입니다. 그건 가장 쉬운 길은 아니지만 단연코 가장 흥미로운 길입니다. 남의 영향을 받지 않고 생각하는 자유, 상사들에게 보고하지 않고 사는 자유, 삶 속에서 얻은 경험과 세상의 이곳저곳을 다니는 여행을 바탕으로 나의 개인적인 의견을 형성하는 자유, 그런 자유에는 대가가 다르기 마련이다. 하지만 아버지는 그 대가를 치를만한 가치가 있다고 저에게 가르치셨습니다." 무엇인가를 꿈꾸고 그 꿈을 찾아가는 것은 너무나 아름답고 가치 있는 일이다. 세상이 두려워하는 세 가지 종류의 사람이 있다. 첫 번째는 꿈꾸는 사람이다. 두 번째는 소유에 집착하지 않는 사람이다. 셋째로 죽음을 무서워하지 않는 사람이다. 아무리 돈이 많아도 꿈이 없는 사람은 존중되어지거나 사람들이 두려워하지 않는다. 하지만 꿈이 있는 사람은 지금 가진 것이 없더라도 존중되어진다. 꿈꾸는 자에게 미래가 있기 때문이다. 성경에 나오는 요셉의 별명은 '꿈꾸는 자'였다. 형들이 요셉이 오는 것을 보고 "저기 꿈꾸는 자가 오는도다."라고 말했다. 그리고 그는 꿈을 이루었다. 많은 비전을 갖고 많은 꿈을 꾸며 살아가길 바란다. 그 많은 꿈들 가운데 자유를 꿈꾸길 또한 기대한다.

커피하우스를 창업한다는 것...

자유 그리고 커피하우스. 창업을 한다는 것. 우리는 '자유'라는 '추상'을 꿈꾸는 여러 길 중에 '커피하우스(카페)'라는 '실상'을 선택했다. 자유를 잃어버린, 그리고 잊어버린 직장인 중에. 집에서 안주하기에 너무 젊은 미시들에게, 대학생을 비롯한 젊은이 중에 나만의 자유로운 공간을 꿈꾸는 사람들이 많다. 내가 구상하는 공간, 깊이 있는 자유, 사랑하는 사람들과 향긋한 커피 한 잔, 느긋한 여유와 삶의 사색의 시간을 바라는 사람들에게 그 '허상'을 구체화한 '실상'으로 가는 길을 제시하고 싶었다.

많은 사람들이 이 책을 통해 '커피하우스 창업하기'를 즐겼으면 좋겠다. 가장 소중한 시간은 바로 이 시간이고 가장 소중한 사람은 지금 내 곁에 있는 사람이라고 한다. 나와 바로 그 순간 내 곁에 있는 사람들의 공간이 될 카페를 상상하고 즐거워할 수 있다면 좋겠다. 내가 있을 카페 장소를 물색하고 내가 원하는 인테리어를 하며 기뻐하고, 커피를 마시며 즐거워할 사람들을 상상하며 커피 만드는 법을 익힌다면, 이 모든 과정을 충분히 즐기며 익힐 수 있을 것이다. 월트 디즈니는 자신이 상상하던 디즈니랜드가 완공되는 것을 보지 못하고 죽었다. 디즈니랜드 오픈식에 기자가 부인에게 "이 디즈니랜드를 상상하고 기획한 월트 디즈니씨가 실제 완성된 것을 보지 못하고 돌아가셔서 너무나 안타깝습니다."라고 말하자 부인은 이렇게 대답했다고 한다. "아마도 그 분은 우리보다 먼저 보셨을 것입니다." 수없이 그리고 상상하며 월트 디즈니는 그 모습을 아주 구체적으로 보았을 것이다. 이 책이 그 구체적인 상상을 도와주는 그래서 언젠가 그 상상이 현실이 되는 것을 도와주는 그런 책이 되길 기대한다. 막연한 상상보다 구체적인 상상이 훨씬 쉽게 현실화 된다고 한다. 이 책은 기존 카페 사례분석부터 법률적인 문제, 예산수립과 인테리어, 커피 만드는 방법에 이르기까지 전문적이고 객관적인 자료와 설명을 직접 컨설팅 하듯이 기술하였다. 부디 이 책이 '구체적인 상상'을 하는 도구로 사용되어져 자유를 꿈꾸는 모든 이들의 꿈이 '현실화' 하는데 도움이 되는 지침서가 되길 기대한다.

개정판을 내며 저자 씀

Contents

CHAPTER 01 **카페 이야기**

우리나라의 카페 …………………… 10
세계의 카페 ………………………… 15
2010년대 커피하우스 ……………… 24
영화 속 카페 ………………………… 26

CHAPTER 02 **시작하기**

사업 계획서 작성 …………………… 40
규모 · 예산 설정 …………………… 46
입지 선정 …………………………… 51
세무 · 법률 ………………………… 59

CHAPTER 03 **인테리어**

예산 설정 …………………………… 72
설 계 ………………………………… 83
시 공 ………………………………… 102

CHAPTER 04 **커피 다루기**

기기 구입 …………………………… 112
재료 구입 …………………………… 134
메뉴 만들기 ………………………… 147
관 리 ………………………………… 170
마케팅 ……………………………… 193

카페 이야기

우리나라의 카페 *Café in Korea*
세계의 카페 *Café of the World*
2010년대 커피하우스 *2010s Café*
영화 속 카페 *Café in Screen*

WHY AM I KNOW CAFÉ?

커피! 커피란 과연 무엇인가? 그리고 카페에 대해 얼마나 알고 있을까? 카페를 하려는 사람이 커피에 대해 얼마나 알아야 하나?
사실 카페를 운영하는 사람이 커피와 카페의 전문가가 될 필요는 없다.
맛있는 커피를 만들고 좋은 서비스를 하면 충분하다. 하지만 사랑하는 사람이 생기면 그 사람에 대해 시시콜콜한 부분까지 궁금하고 알고 싶어지듯이 카페를 꿈꾸는 사람이라면 '카페'와 연인이 되길 바란다.
그런 당신의 모습은 아름답게 보일 것이다.

이 장에서는 카페 만들기에 앞서 워밍업을 하는 기분으로 우리나라의 카페 역사와 세계의 카페, 그리고 영화 속의 카페를 통해 시간과 공간을 초월한 카페에 대해 살펴보자.

01 우리나라의 카페

카페의 등장

우리나라의 커피는 러시아에서 처음 들어왔다. 조선조 말 우리나라가 서구 열강의 틈바구니에서 시련을 겪고 있을 때 고종의 아관파천이 있었다.

러시아 공사인 뤼베르가 고종을 접대하는 수단으로 우리나라의 차 대신에 커피를 접대하여 이를 즐기게 되었다고 한다. 이것이 우리의 역사책에 기록된 커피 역사의 시작이다.

러시아 공사관에서 커피 맛을 알게 된 고종 황제는 환궁 후 덕수궁 중 가장 경관이 우수한 곳에 정관헌이라는 정자를 두어 그곳에서 커피를 마시며 음악을 듣곤 하였다.

이 일이 있은 후 그 당시 접대를 맡았던 손탁이라는 독일 여성에 의해서 조선 정부의 허락 하에 손탁 호텔이 생기게 되었고, 그 안에 다방을 만들어 커피를 판매하였다. 이 때가 1895년 경이므로, 처음 칼디가 커피를 발견한 후 약 1세기가 지난 뒤이다.

한일합병이 있을 즈음에 명동, 충무로, 소공동 일대를 중심으로 다방이 생겨나기 시작하였는데 그 대부분은 일본인들이 경영하였다.

그때 당시에 다방을 드나들던 사람들은 대부분 고위 관료나 해외파들이었다.

우리나라 사람이 주인인 최초의 다

방은 제일 유학파 이순석(李順石)이 문을 연 '낙랑팔러' 이다. 이곳은 즐거운 응접실이라는 뜻으로, 문화 예술가들에 의해서 자리가 채워졌고 문화의 샘터가 되었다.

인스턴트커피의 등장

1950년대만 해도 우리나라의 다방에서 판매하는 대부분의 커피는 원두커피였다.

국내의 커피 시장을 평정하면서 주류를 이루었던 인스턴트커피가 국내에 들어오기 시작한 것은 6.25전쟁 때였다.

6.25전쟁 때 미군에 의해 우리나라에 알려지기 시작하였고, 간편함과 저렴한 가격 때문에 대중화되어 암시장을 통해 아주 많은 양의 커피가 수입되었다. 그래서 커피를 통한 외화 반출을 막기 위하여 1970년에 국내의 인스턴트 커피업체 설립을 허가해 주었다.

그 회사는 약 30년이 넘는 동안 국내 커피 시장을 주도하고 있다.

현재 우리나라의 원두커피와 인스턴트커피의 비율은 7:3 정도로 인스턴트커피가 우세하다.

전쟁이 끝난 후에도 다방은 여전히 운영되었으며, 문화 활동의 시발점이 되었다.

이중 '문예'라는 잡지를 편찬한 다방도 있었다. 이외에도 음악 감상을 할 수 있는 다방도 생겨났다.

1970년대의 카페

1970년대에 들어서면서 국내 다방은 더욱 성장하여 대형 도시 중심으로 퍼져나가면서 대중화 되기 시작하였고 휴식과 여유, 낭만을 제공하는 공간이 되었다. 이런 경향은 1980년대로 이어지고 이때 등장한 것이 통기타와 청바지, DJ 문화이다.

1970년대 후반부터 이어지는 이러한 문화 속에 다방은 자유를 갈망하고 희망을 꿈꾸는 젊은이들에게 기회를 보여 주는 소중한 공간이 되기도 하였다.

1970년말에는 동숭동 대학로

에 '난다랑'이라는 최초의 커피전문점이 들어섰다. 난다랑은 기존의 다방과는 달리 원두커피를 다시 선보였고, 테이블 위에 커피 상식에 대한 안내지를 놓음으로 커피에 관한 지식을 알렸다.

또한 통유리를 사용한 밝고 개방적인 분위기를 연출하면서 음침하고 어두운 카페 문화를 밝은 젊음의 문화로 이끌었다. 하지만 당시의 일반적인 커피보다 약 3배에 달하는 가격을 제시하면서 대중화와는 좀 다른 길을 걸었다. 이렇게 생겨난 원두커피 전문점은 고급 문화의 대변으로 인식되면서 대학생과 직장인들 사이에 인기를 끌며 체인점을 늘리는 등 인기를 누렸으나, 경영 미숙으로 문을 닫았다.

올림픽 이후의 카페

■ 1988년 이후 제1전환점

1980년대에 들어오면서 다방은 두
가지 형태로 나누어진다.

하나는 젊은이를 대상으로 하는 카페
이고, 또다른 하나는 주로 40대 이상을
대상으로 하는 다방이다.

다방의 경우 현재까지 명맥을 이어오
고 있지만, 서울 등 대도시에서는 점점 사라져가는 문화이다.

카페의 경우 1980년대 초반에는 다방과 함께 인스턴트커피와 각종 양식을 판매
하는 형태로 자리 잡고 있었지만, 1983년 부산 대학교 앞에서 생겨난 '가비방'이
라는 커피점을 계기로 새로운 전기를 마련한다.

가비방은 대형 매장을 중심으로 운영되었으며, 고급 원두커피를 지향하고 전문
가가 직접 드립(drip)하는 방식에 의해 커피 추출을 하며 커피 맛이나 경영 등 철
저한 본사 관리하에 성장해 나갔다. 현재까지도 명맥을 유지하고 있지만 그때와는
형태나 메뉴면에서 상당히 다르다.

1988년 올림픽을 계기로 우리나라 카페 시장에 일대의 혁명이 일어났다. 바로
신개념 커피전문점인데 이들은 원두커피를 바탕으로 시장을 형성해 나갔다.

커피를 추출하는 다양한 기기를 사용함으로써 원두커피를 아주 쉬운 방법에 의해
서 판매할 수 있었으며, 이 커피들은 항상 프림을 타서 먹던 인스턴트커피에 비해 부
드럽고 향이 좋아 많은 사람에게 인기를 누렸다.

이때 성장하기 시작한 것이 향 커피 시장이다. 향 커피는 저급 원두에 인공 향을
숙성시켜 만든 것으로, 이러한 커피가 시장에 들어오면서 고급 원두커피의 성장이
아니라 향 커피의 성장으로 진행되어 갔다.

향 커피의 성장은 국내 소비자의 입맛에 혼돈을 일으키며, 고급 커피로 인식되
면서 카페를 성장시켰다. 이런 이유로 최근에도 많은 카페나 호텔, 레스토랑에 가

서 전통 커피를 주문하면 향 커피를 내놓은 경우가 많다.

■ 1990년 후반 제2 전환점

우리나라의 카페는 1990년대 후반을 지나면서 '스타벅스'를 통하여 에스프레소라는 커피가 대중화되기 시작한다.

에스프레소 커피는 1990년대 초부터 국내의 몇몇 카페에서도 마실 수 있었으나 대중화와는 상당한 거리가 있겠다.

에스프레소는 워낙 진하기 때문에 우유나 초콜릿을 타서 나오는 카페라테나 카푸치노, 카페모카의 형태로 시장에 선보이게 된다.

■ 2000년대 커피하우스 시장

1990년대 후반부터 급격한 발전을 이룬 에스프레소 커피는 2000년대 초 우리나라의 커피 시장을 뜨겁게 달구고 있으며, 문화의 한 형태인 Take Out과 맞물려 엄청난 성장을 하고 있다.

이는 기존 카페의 영역을 넘어들게 되었고, 에스프레소 메뉴를 기존 카페들도 도입하는 계기가 되었다.

현재 카페를 창업하는 대부분은 에스프레소 메뉴를 메인 메뉴로 선정하고 있다. 또한 매장의 운영 형태보다는 인테리어에 치중을 하면서 다양한 형태로 성장하고 있다.

에스프레소 시장은 지속되겠지만 기존 형태의 카페보다는 제과점과 함께 운영되는 카페나 허브 매장과 함께 운영되는 카페, 갤러리와 함께 운영되는 카페 등 다양한 복합 매장의 형태를 이루며 변화되고 있다.

Café of the World

02 세계의 카페

커피하우스에 관심 있는 사람이라면 여기저기 멋있다는 카페를 찾아다니기도 하고, 다른 나라의 카페도 궁금할 것이다.

프랑스의 노천 카페는 어떤 분위기일까? 미국의 첨단 카페는? 중국에도 카페가 있을까?

또 그 나라의 카페에는 어떤 메뉴가 있을까? 어떤 사람들이 와서 커피를 마시는 것일까?……

하지만 마음처럼 실제로 세계의 카페를 직접 가볼 수 있는 기회를 가진 사람은 많지 않다. 그래서 이 책에서는 세계 여러 카페의 의미를 살펴보도록 한다. 언젠가 세계 커피 기행을 하는 기회를 갖게 되길 희망한다.

오스트리아

1582년 독일의 생물학자와 의사들은 아랍 세계를 구경하고 온 후 "아랍에 가면 잉크처럼 검은색의 'Chaube'라는 아주 좋은 음료가 있는데 병을 낮게 해 주고 특히 배가 아플 때 좋다"고 기록하고 있다.

그 후로 100년이 지난 1683년에 오스트리아는 터키군에게 점령당했으나 오랜 항전으로 터키군을 물리쳤다.

그들이 남기고 간 전리품 중 하나인 커피 500포를 터키군을 물리친 공로로 포상하기로 하였는데 프란츠 게오르크 콜시츠키(Franz Gerog Kolschitzky)를 제외한 다른 이들은 관심을 갖지 않았다. 프란츠 게오르크는 터키 인근에 살았기 때문에 커피원두의 가치를 알고 있었던 것이다.

원두를 상으로 받은 프란츠 게오르크 콜시츠키는 'Blue Bottle'라 불리는 커피점을 만들어 커피를 판매하기 시작하였다.

그는 넓은 팬에 커피를 볶기 시작했고, 잘 볶아진 커피를 분쇄하여 물에 넣고 끓여 판매하였다. 하지만 커피는 잘 판매되지 않았다.

어느 날 설탕을 사용하다 커피를 끓이고 있는 포트에 쏟아 붓게 되는데, 이것이

커피를 대중화하고 카페 경영을 촉진
하는 계기가 되었다.

쓴맛이 사라진 커피를 사람들이 즐
기기 시작한 것이다.

많은 문학가와 예술가, 정치가들이
모여 정보와 문화의 장을 마련하였
고, 일반인을 위한 체스대회나 주사

위놀이대회를 개최함으로 현대에 뒤지지 않는 마케팅으로 대중화에 힘썼다.

그 후 콜시츠키는 많은 연구를 하여 초승달 모양의 빵인 페스추리인 킵펠(kipfel)
을 내놓으면서 독립을 기념하게 되었다. 이외에도 크림을 입힌 톨튼(torten), 비엔
나의 잼을 바른 크라펜(krafen) 등을 내놓으면서 중부 유럽으로 전파하게 된다.

또한 커피의 양이나 컵의 크기, 크림의 양에 따라 달라지는 다양한 커피를 개발
하여 커피 사업을 발전시켜 나갔다.

프랑스

프랑스의 어떤 역사가들은 '프랑스의 역사를 쓰는 일은 카페의 역사를 쓰는 일'
이라고 말한다.

사실상 파리에는 도로 귀퉁이마다 카페가 즐비하다. 이들 노천 카페들이 문을
열면서 하루가 시작됨을 알린다. 파리에 노천 카페가 문을 열지 않는 날은 아마도
프랑스가 숨을 멈춘 날일 것이다.

프랑스에 커피가 전해진 것은 아주 오래 전이지만 커피가 유행한 것은 1670년이
되어서이다. 프랑스에서 커피는 예술을 표현하기 위하여 시작되었다.

1669년 파리에 부임한 터키 대사는 프랑스에 금으로 장식된 고급스러운 냅킨에
감싸여진 조그맣고 멋진 컵에 담긴 까만 커피를 즐기기 시작하였다. 이후로 프랑
스에서 커피는 멋과 부의 상징으로 여겨지며 유행하기 시작하였다.

1672년 아르메니아 출신인 파스칼이 프랑스 파리에 와서 커피를 판매하기 시작

하였다. 그때 당시는 조그마한 천막을 치고 직접 커피를 볶아 끓이며 사람들을 모이게 한 뒤 커피를 들고 다니면서 파는 형태였다.

그 후 1689년 프랑스 최초의 커피하우스인 카페 프로코페(Café Procope)가 이탈리아의 레모네이드 판매상인 프로코페 데이코스텔리(Procopio dei Costelli)에 의해서 생겨났다.

그 카페는 마블 장식과 대리석으로 만든 테이블과 샹들리에, 금이 입혀진 거울, 깔끔한 페인팅으로 장식하였으며, 와인과 커피를 판매하면서 많은 정치가와 예술가들을 끌어들였다.

이렇게 생겨난 카페는 1720년경에는 380여 개나 되었고, 1870년에 이르러서는 그 수가 3,000개를 넘었다. 카페 프로코페는 현재까지도 이름을 유지하고 있으며, 또한 프렌치 아이스크림을 판매하기 시작한 곳이기도 하다.

드립 방식을 처음으로 시작한 곳은 프랑스이다. 이때까지만 해도 커피는 볶고 난 후 분쇄하여 포트에 물과 함께 직접 끓여 마시는 방법이 일반적이었다.

1711년 커피를 분쇄한 봉투가 실수로 끓는 물에 들어가는 바람에 흰색 천을 이용한 커피를 마실 수 있었는데, 아주 깔끔했기 때문에 많은 사람이 즐기기 시작하였다.

그러나 한 가지 어려운 점이 있었다. 바로 커피를 담아 끓이게 되면 커피의 진한 물 때문에 천이 지저분할 뿐더러 항상 청결하게 유지하여야 한다는 것이다.

그 후 독일의 '멜리타' 라는 사람이 거름종이를 이용한 드리퍼를 만들어 요즘에도 즐겨 사용하는 드립식 커피 추출이 가능하게 되었다.

이탈리아

이탈리아하면 가장 먼저 떠오르는 것 중 하나가 커피이다.

이탈리아의 지형적 특성은 베네치아 상인들이 만들었으며, 이들이 활동하는 무대는 커피를 세계 시장에 알리는 중심지가 되었다.

커피는 1615년 베네치아 상인들에 의해 처음으로 유럽에 소개되었다. 그때 당시 커피는 가베(qhaweb)라 불리웠고, 이것은 '아라비아의 와인' 이라는 뜻을 가지고 있었다.

르네상스의 물결과 함께 이슬람 교도의 음료라 일컬어지는 커피가 유행하게 되자, 중세 교회 기득권 세력의 유지를 위해 커피 금지령을 내렸으나 더 이상 종교적인 교리를 내세워 규제할 수 없게 되자 로마 교황인 클레멘트 8세(Pope Clement VIII)에게 청하여 커피를 사단의 음료이니 이를 금하여 달라고 청하였다.

교황 클레멘트 8세는 판결하기에 앞서 커피를 한번 마셔 보기를 원했으며, 뜻밖의 향기로운 맛과 향에 감탄하여 "이렇게 맛있는 커피를 이교도의 음료라 하여 터부하기엔 아깝도다. 짐 스스로 이 음료에 세례를 내리노니 오늘부터 기독교도의 음료로 여기라."고 판결함으로써 커피를 둘러싼 악마 시비를 가라앉히고 커피가 세례를 받는 일이 생기게 되었다.

이 때부터 이탈리아 로마에 처음으로 커피하우스가 생겨 많은 사람에게 사랑을 받게 되었으며, 일반 기독교인까지도 공공연히 커피를 마실 수 있게 되었다.

이는 커피하우스의 커피 수요를 더욱 부추기는 효과를 가져왔다.

영 국

영국의 카페 문화는 1650년 레바논 사람에 의해서 만들어진 옥스퍼드의 앤젤(Angel)이라는 커피하우스에서 시작된다.

이 커피하우스는 옥스퍼드 학생들을 대상으로 하였으며, 그들은 이곳을 발표회를 하고 토론을 하는 장소로 사용하였다.

자연스럽게 수백 명의 학생들이 모여서 커피를 마시는 장소가 되었으며, 이곳에 모인 상류계층의 학생들은 옥스퍼드 커피 클럽이라는 단체를 만들기도 하였다.

1652년 그리스 사람인 파스큐 로제(Pasque Rosee)가 런던 세인트 미셸의 산책로에 조그마한 오두막을 짓고 커피를

직접 끓여 판매하는 커피하우스를 만들면서 커피는 급속도로 퍼져나가게 되었다. 이 커피하우스는 사람들에게 잡담과 예술, 이론 발표, 고위층을 위한 파티 등 다양한 역할을 할 수 있도록 제공되었다.

그 후로 런던에 3,000개가 넘는 커피하우스가 성행하였으며, 영국 정부는 이러한 커피하우스를 대상으로 세금을 부과하여 재원을 확보하였다.

이후 찰스 2세는 커피하우스에 많은 민중이 모이므로 '치안 방해의 온상'이라는 명목으로 전국의 커피하우스에 강제 폐쇄 명령을 내렸다. 하지만 이 국왕의 칙령은 커피를 즐기는 많은 일반인의 반대에 밀려 불과 며칠만에 철회된다.

또한 남편들이 커피하우스에 모여 집에 들어오는 시간이 늦어지자 여자들은 남편의 생식 능력을 떨어뜨리는 커피는 불행의 씨앗이라 하여 커피하우스의 강제 폐쇄 요청을 하였지만 커피에 대한 매력을 끊기에는 역부족이었다.

일 본

일본에 처음으로 커피가 전해진 것은 에도 시대(1603~1867)로 알려져 있다. 이 시대에는 외국인과 일반 일본인과의 교류는 인정되지 않았기 때문에 일반인들이 쉽게 마실 수는 없었고, 통역관이나 학자들에게 그 맛이 알려진 정도였다.

일본인이 처음 커피를 마셨다는 기록을 보면 에도 막부의 신하로 있는 오오타 난포가 1804년 기록한 것으로 '탄 냄새가 나고 입에 쓴맛'이라 기록하고 있다.

이 때도 설탕은 넣었지만 커피 특유의 쓴맛은 처음 마셔본 일본인에게는 받아들이기 어려운 것이었다.

메이지 시대(1867~1912)가 되어 본격적인 커피 유통이 시작되었다. 일본에서 처음으로 커피의 판매 광고가 신문에 게재된 것은 메이지 2년 때 외국인에 의해서이다.

이후 메이지 8년에는 일본인에 의한 커피의 제조ㆍ판매 광고가 있는 것으로 보아 이 때부터 직접 로스팅하여 판매하는 일본인이 있었던 것 같다.

거리에서 커피하우스도 몇 개 생겨났지만 전통적으로 녹차를 선호하는 일본인들이기에 커피하우스는 명맥을 잇는 정도였고, 주로 외국인 접대용으로 사용되었다.

본격적으로 커피하우스가 시작된 것은 메이지 21년 동경 우에노의 '가부다관'에서이다. 커피하우스를 개설한 이는 미국 유학 경험이 있는 사람으로 비로소 외국 카페 형태의 커피하우스를 만들게 되었다.

이곳은 당구 시설, 장기, 체스, 샤워실 등을 갖추고 있는 최고의 종합 사교장이었다. 하지만 운영이 어려워 4년 만에 문을 닫고 말았다.

커피가 일반인에게 알려지기 시작한 것은 브라질에 이민한 미즈노 류에 의해서이다.

브라질 정부의 무상 지원이라는 파격적인 대우를 받아낸 미즈노 류는 카프파우리스타(Kaf. Paulista)라는 회사를 설립하고 커피하우스를 열어 학생들과 일반인들이 부담 없이 마실 수 있는 가격으로 커피를 판매하였다.

이렇게 성장하기 시작한 커피는 태평양 전쟁을 치르면서 전파가 멈추게 된다.

이 때에도 커피를 찾는 사람들에 의해서 다양한 식물로 만든 대용 커피가 판매되었지만 시장에서 전혀 판매되지 않았다.

태평양 전쟁이 끝나고 난 후 일본은 6.25전쟁을 계기로 급격한 발전을 이루게 되는데 이때부터 일본 커피의 재 부흥기를 맞게 되어, 현재 세계 커피 시장에서 인정받는 커피 문화를 꽃피우게 되었다.

미국

미국에 커피가 전해진 것은 17세기 후반에 유럽에 의해서이다. 이렇게 전해진 커피는 뉴욕이나 보스턴을 중심으로 몇 개의 커피하우스가 탄생하게 되었다.

그러나 미국에서는 유럽 등과 같이 커피하우스 덕분에 커피 소비가 성장한 것은 아니었다.

17세기 후반과 18세기 초반의 영국은 홍차가 유행하고 있었기 때문에 식민지인 미국에서도 홍차의 수요가 커피보다 훨씬 많아 홍차를 많이 마시던 시기이다.

그러던 중 영국이 재정의 확충을 위해 미국에 대해 무거운 차 관세를 부과하여 재정 수입을 늘리려고 하자 미국에서는 다세(茶稅) 반대 운동이 일어났다.

1773년 다세에 반대하는 사람들이 보스턴 항에 정박 중인 영국 동인도 회사의 배를 습격하여 쌓아 둔 342 상자의 홍차를 바다에 내던지는 사건이 일어나게 된다.

이후에도 홍차에 대한 보이콧 운동이 전미에서 계속되면서 미국은 홍차 좋아하는 나라에서 커피를 좋아하는 나라로 바뀌게 되었다.

그 후 미국은 세계 최대의 커피 소비국으로 성장해 현재에 이르고 있다.

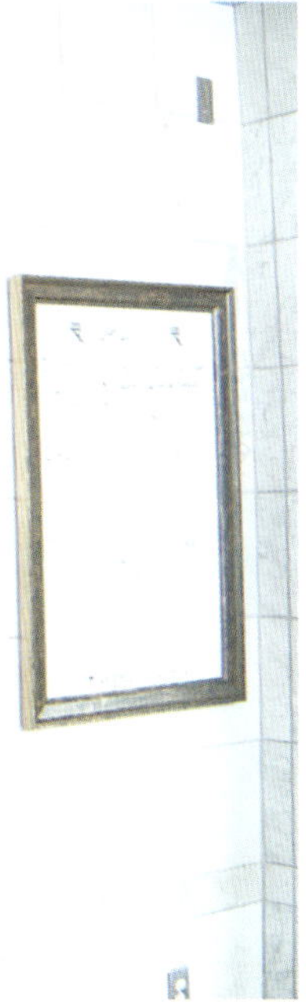

03 2010년대 커피하우스

2000대 후반으로 가며 커피하우스 시장은 다른 분야가 다 그러하듯이 대형 체인망을 갖춘 대규모 커피하우스와 자신만의 공간을 창출하는 개인 취향의 소규모 커피하우스로 조닝 되었다. 먼저 대규모 카페는 브랜드와 자본력을 앞세워 전 세계 또는 전국적 체인망으로 요충지에 대규모로 생기고 있다. 〈스타벅스〉 등의 국제 브랜드와 〈카페베네〉와 같은 한국 자체 브랜드가 그러하다. 두 번째는 개인적으로 기획되어져서 생기는 커피하우스이다. 예전에 비해 비중이 상당히 줄어들고 있고 소형화 주변화 되고 있다. 아무래도 자본력과 유통력 홍보력에서 비교 경쟁이 뒤지기 때문에 요충지에 대형화하지는 못하지만 그 입지에 가장 어울리는 형태와 주인의 마음과 스타일을 담아 컨셉을 가지고 만들어지고 있다. 어찌 보면 커피하우스가 담고 있는 의미들을 실제적으로 많이 가지고 있는 커피하우스가 아닐 수 없다. 미래에 커피하우스를 갖고 싶은 사람들은 이 두 가지 형태 중에 어떤 방향으로 진행할지 어느 순간 선택해야 할 것이다.

또한 커피문화의 확산으로 인하여 커피하우스는 미용실, 서점, 오피스, 은행, 극장 등 다양한 형태의 시장으로 확산하였으며 다양하고 색다른 맛의 커피를 접하면서 커피를 즐기는 사람들은 선입견이나 편견을 두지 않고 커피를 커피로서 즐기는 문화가 형성되어지고 있다. 그리고 급속하게 늘어난 로스팅 숍(커피를 직접 볶아 판매하는 커피하우스)들이 커피맛에 대한 기대 수준을 높여주고 있어 앞으로 커피하우스들은 다른 음식점들처럼 친절한 서비스와 맛, 고유한 분위기를 중점을 두고 자리 잡아야 할 것이다.

04 영화 속 카페

현재 세계인의 관심을 사로잡는 단어는 '영화'일 것이다. 미국 국민을 열광하게 하는 3S가 있다. 운동(sports), 섹스(sex), 그리고 영화(screen)이다.

할리우드와 홍콩 영화, 그리고 충무로의 영화에 세계가 그리고 우리나라인이 열광한다. 그리고 사람들은 영화를 보는 것에 만족하지 않고 분석하고 오류를 찾고 마니아가 된다. 또 영화를 쪼개서 자신의 관심 분야에서 영화 속의 재미를 만끽하기도 한다.

여기에서는 영화 속에 등장하는 카페를 찾아 여행을 떠나보려 한다. 앞에서 살펴본 우리나라와 세계의 카페는 지금 현존하는 카페들이다. 그러나 우리는 영화를 통해 과거와 미래의 카페까지도 볼 수 있다.

공간과 시간을 초월하여 상상이 가능한 공간, 영화 속의 카페는 어떻게 그려지고 있을까? 그리고 그 시대에 카페라는 공간은 사람들에게 어떤 의미를 가지고 있을까? 미래 시대에도 카페는 여전히 사람들 사이에 존재하고 있을까?

"시간과 공간을 초월한 카페 탐사, 영화 속 카페 이야기"

스타워즈 에피소드 4 : 새로운 희망(A New Hope, 1977)

조지 루카스 감독의 작품으로 마크 해밀, 해리슨 포드, 캐리 피셔 등이 출연한 영화이다.

1977년 개봉되어 전 세계적으로 엄청난 선풍을 일으킨 영화로, 30년 가까이 지난 지금까지도 그 제작은 계속 되고 있다.

스타워즈의 스토리는 그 복잡하고 꼬인 혈통과 사연을 모두 알기 힘들다. 그저 레아와 루크가 남매이고, 다스베이더가 알고 보니 그 남매의 아버지였다는 사실은 단군 신화 이야기를 알듯이 왠만한 사람들은 알고 있을 뿐이다.

우리는 이 영화의 단순한 스토리만 알아도 감상하는데 충분하다. 이 영화가 보여 주는 신기한 세상과 화려한 볼거리로 충분하기 때문이다.

그 많은 볼거리 중 미래의 카페를 보여 주는 장면이 나온다. 스타워즈 신화를 여는 1탄(에피소드 4-새로운 희망)의 주인공들이 등장하는 장면이 있다.

이 영화의 주인공 루크 스카이워커(마크 해밀)가 등장하고, 레아 공주(캐리 피셔)가 알투디투의 입체 영상으로 등장한다. 그리고 이 영화의 멋쟁이 한솔로(해리슨 포드)가 그의 친구 츄바카와 등장한다.

그 장소는 모스 아이슬리의 미래의 카페 또는 바(bar)의 모습이다. 온갖 기이한 형태의 외계인들이 득실득실한 장소, 루크와 오비완케노비가 비행선을 구하기 위해 들어가 한솔로와 그의 비행정 펠콘호를 만나는 장소, 바로 미래 시대 우주의 카페이다.

앉아 있는 사람들은 요란한 모습의 외계인들이지만 그 분위기는 재즈 카페와 비슷하면서도 서부 영화에서 우리가 익숙하게 보아 온 장소이다.

이 영화가 서부 영화와 중세 기사 이야기를 혼합했음을 보여 주는 장소이며 분위기이다.

그러나 누구도 그곳이 미래의 우주 카페임을 부인하지 않는다. 실제로 미래의 카페 모습도 과거에 크게 벗어나지 않고 발전해 나갈 것 같은 생각이 든다.

시애틀의 잠 못 이루는 밤(Sleepless In Seattle, 1993)

전혀 알지 못하던 남녀가 운명적인 만남을 통해 사랑을 이루게 되는 로맨틱 코메디로, '해리가 샐리를 만났을 때'로 아카데미에 노미네이트되었던 여류 각본가 노라 에프론이 연출했다.

처음에 애프론 감독은 시나리오만 참여하기로 되어 있었는데, 프로듀서 게리 포스터가 그녀의 첫 감독 데뷔작 '행복 찾기(This Is My Life, 1992)'를 본 후 그녀에게 감독직을 제안하였다.

총 12주에 걸쳐 촬영되었는데 그 중 9주는 시애틀에서, 나머지는 시카고, 발티모어, 뉴욕에서 진행되었다.

할리우드 사상 로맨틱 코메디로서는 최고의 흥행을 기록했는데, 액션 대작이 많은 여름 시기에 감성적 로맨틱 코메디가 이례적으로 1억 5천만 달러라는 대박을 터뜨려 이야기와 캐릭터가 탄탄하다면 경쟁력이 있다는 걸 증명하였다.

이 영화에서의 카페는 아름다운 분위기의 연인들이 사랑을 나누는 장소로서의 기능이 아니라 차와 간단한 식사, 그리고 장거리 운전자가 쉴 수 있는 일상적인 삶의 공간으로 보여진다.

　라디오에서 나오는 사연을 여자 바텐더와 이야기하고, 같은 직장 동료끼리 가벼운, 그러나 정작 본인에게는 너무나 중요한 얘기를 나누기 위해 스스럼없이 찾을 수 있는 커뮤니케이션의 공간으로 카페는 사용된다.

중경삼림(重慶森林, 1994)

　왕가위 감독의 작품으로 임청하, 금성무, 양조위, 왕정문 등이 출연한 영화이다.

　1994년 대만 금마장상 영화제 남우 주연상(양조위), 1994년 스톡홀름 국제 영화제 여우주연상(왕정문), 그리고 1995년 홍콩 금마장상 10개 부문에 노미네이트 되었다.

　그의 영화에는 항상 홍콩 최고의 스타들이 출연해 왔다.

　유덕화 · 장학우의 '열혈남아', 장국영 · 유덕화 · 장만옥의 '아비정전', 여명 · 금성무 · 이가흔의 '타락천사', 그리고 양조위 · 유가휘 · 장국영 · 임청하 · 장만옥 · 양채니 · 유가령이 총출동하는 '동사서독', 장국영 · 양조위의 '해피 투게더', 양조위 · 장만옥의 '화양연화'에 이르기까지 모두 그렇다.

　'중경삼림' 역시 금성무 · 양조위 · 임청하 · 왕정문 등의 스타들이 영화를 빛낸다.

1997년 홍콩 반환을 눈앞에 둔 시점에서 이 영화는 만들어졌다. 불안한 홍콩인의 심리는 흔들리는 듯한 촬영 기법과 선글라스에 우비 코트를 입고 노란 가발을 쓴 임청하의 모습에 그대로 나타난다.

그는 비가 올지 햇빛이 쏟아질지 모르기 때문에 선글라스에 우비 코트를 입고 다닌다고 한다. 불확실한 현실을 그대로 나타내고 있다.

이 영화는 여러 사람의 시선을 통해 20세기 말 홍콩의 이곳저곳을 보여 준다. 전형적인 홍콩의 식당, 골목, 공항, 거리, 그리고 카페…… 임청하가 아이스크림을 시키는 카페, 금성무가 실연당하고 "첫 번째 들어오는 여자를 사랑해야지."하며 기다리는 카페, 몽환적 분위기와 어두운 카페, 이곳에 선글라스와 우비 코트를 입은 임청하가 들어온다.

그리고 두 번째 에피소드에 왕정문과 경찰관인 양조위가 마마스 앤 파파스의 '캘리포니아 드리밍' 노래에 맞추어 만나는 배경이 된 카페테리아(콜라, 핫도그 등을 파는), 양조위가 노천 카페에서 블랙커피를 마시는 장면.

마지막으로 1년 후 스튜어디스가 된 양정문과 카페 주인이 된 양조위가 다시 만나는 장소 역시 처음의 그 카페테리아이다.

이 영화는 독특한 화면과 스타일을 강조하는 개성과 세기말이라는 시간이 신세대의 취향과 맞아떨어진다.

프렌치 키스(French Kiss, 1995)

순진한 역사 선생 케이트(멕 라이언)는 의사인 찰리(티모시 허튼)와 약혼한 사이로 그와 새 가정을 꾸밀 꿈에 부풀어 있다.

고소 공포증으로 비행기 타기를 무서워하는 케이트는 세미나 차 파리에 가자는 찰리의 제의를 거절하고 집에 홀로 남는다.

얼마 후 케이트는 찰리로부터 사랑하는 여자가 생겼다는 전화를 받는다. 그 길로 비행기를 타고 파리로 가던 중 건달같이 보이는 뤼크(케빈 클라인)라는 남자가 케이트에게 관심을 보인다.

뤼크는 어린애 같이 순진무구한 케이트에게 자꾸 끌리는 자신을 발견한다. 뤼크의 전략대로 찰리와 만난 케이트는 찰리가 새로 사귄 여자를 버리고 다시 자신에게 돌아오겠다고 하자 그에게 환멸을 느낀다.

포도밭을 경영해서 건전한 삶을 찾겠다는 뤼크의 원을 이루어 주기 위해 이제까지 저금한 45,000여 달러를 톡톡 털어서 뤼크가 훔친 다이아몬드 목걸이 값을 지불해 주고 떠난다.

이 사실을 알게 된 뤼크는 케이트를 뒤쫓아가 사랑을 고백하고, 케이트 또한 이번 경험을 통하여 진실한 사랑이 뭔지 깨닫고 뤼크를 받아들인다.

변심한 약혼자를 찾아 파리에 온 미국 여성이 사기꾼 기질이 있는 어느 건달 사나이와의 좌충우돌 소동을 통해 사랑이 싹트는 내용의 로맨틱 코메디이다.

이 영화에서는 프랑스의 아름다운 카페를 감상할 수 있다. 미국인들의 프랑스인에 대한 비웃음이 엿보이지만, 또한 프랑스에 대한 동경도 여기저기 묻어있는 미국이 그린 프랑스 영화이다.

카페 인테리어와 함께 장식에 사용된 소품들을 주의 깊게 볼 필요가 있는 영화이다.

영화 음악으로도 유명한 프렌치 키스는 카페라는 공간에서 벌어지는 남녀의 사랑 얘기를 시종 명랑한 분위기로 그리고 있다. 영화가 끝나면 분위기 좋은 카페에서 사랑하는 연인과 음악을 들으며, 커피 한 잔하고 싶어지는 그런 영화이다.

맨 인 블랙(Men in Black, 1997)

스필버그가 기획에 참여한 외계인 소재의 SF 영화로 북미에서만 2억 5,069만 불, 전 세계적으로는 무려 5억 8,720만불을 벌어들이며 검정색 열풍을 불러일으키는 대히트를 기록했다.

지구에 침투한 외계인을 감시하는 MIB의 활약이 주내용인데, 원작인 만화를 바탕으로 하여 영화 자체도 만화적인 느낌이 있으나, 외계인이 존재한다는 가정의 그럴듯한 음모론이 흥미를 끈다. 여기에 윌 스미스의 재치있는 연기와 극중 적절하게 사용된 특수 효과가 돋보이는 오락 영화이다.

MIB는 그들의 조직원을 제외하고 외부인에게는 완전히 베일에 가려진채, 지금껏 이민 외계인을 감시하고 불법 거주자를 방어하며 평화를 성공적으로 지켜왔다. 한편 이민 외계인들은 철저히 지구인의 모습으로 살아가기 때문에 다른 사람들은 전혀 눈치채지 못하고 있다.

MIB의 유능한 형사 K(토미 리 존스)는 은하계에서 날로 증가하는 지구 이민 외계인들을 감시하는 베테랑이다. MIB는 외계인들의 정체가 혹시라도 지구인에게 들어날 경우 기억 말소 장치를 사용해 일반인들에게 철저히 외계인 추적을 방지하고 있었다. 그러나 뜻하지 않게 전쟁 중인 은하계에서 평화 회담차 온 두 외교 대사가 암살당하는 사건이 발생한다.

이 영화에서 커피와 카페는 외계인의 존재를 더욱 현실적이고 사실감 있게 묘사하는데 좋은 도구로 사용된다.

외계인들이 커피와 담배를 즐겨하는 모습이 이색적이면서도 친근하게 느껴지는 이유는 바로 우리 지구인들의 기호 식품이기 때문은 아닐까?

글루미 썬데이(Gloomy Sunday, 1999)

전 세계 수 백명의 사람들을 자살로 몰고 간 전설적인 노래 "글루미 썬데이"에 관한 실화를 바탕으로 한 로맨스 드라마이다.

영화는 노래가 실제로 작곡되었던 1935년의 부다페스트를 배경으로, 매혹적인 아름다움을 지닌 여성을 둘러싼 세 남자의 이야기가 나치의 전운과 함께 펼쳐진다.

이 영화의 주 무대는 1935년 부다페스트의 한 레스토랑이다. 사랑이 공유되고 또 사랑에 희생되는 가운데 레스토랑은 꽃으로 물들었다가 배신으로 옮겨가고 눈물로…… 결국엔 살인으로 이어지는 인생 전반을 연출했다.

이 영화의 레스토랑은 그 당시 인위적이지 않은 고급스러움과 고품격 서비스를 잘 나타내 줄뿐만 아니라 주인의 헌신적인 경영도 잘 보여 주고 있다.

70년 전의 레스토랑의 모습이지만 사실 현재에도 그와 같은 인테리어와 서비스, 그리고 라이브 연주까지 현재 우리가 접할 수 있는 것들이다. 그것은 현재의 인테리어 흐름이 복고를 선호하는 것을 반증하는 것이다.

지나간 시대에 대한 향수이며, 현재 인테리어 테마 중 하나이다.

아름다움은 보편적이며 시대의 구분을 무의미하게 한다는 것을 이 영화를 통해 알 수 있다.

다운 위드 러브(Down With Love, 2003)

'다운 위드 러브'는 유니버설 스튜디오 촬영 부지에서의 몇몇 외부 장면을 제외하고는, 할리우드 센터 스튜디오의 55개 세트 디자인으로 영화를 마쳤다.

실사가 아닌 세트라는 것을 오히려 드러내며 영화를 만든 것은 1900년대 중반 영화 상황을 표현하기 위함이기도 했다.

1900년 중반의 모던한 건축 양식과 현대적인 감각이 어우러진 55개의 세트 디자인은 로맨틱한 분위기가 묻어나는 밝고 화사한 색상의 신공간이다.

무대는 바바라를 위해서 밝고 오픈된 수직적인 공간을 창조해냈고, 바람둥이 캐쳐의 아파트는 수평적인 공간을 만들었다.

바바라의 공간은 따뜻하고 여성스럽게 만들기 위해 핑크와 화이트 컬러를, 그리고 전경이 훤히 보이는 통유리 발코니를 통해 오픈된 느낌을 살렸다. 그에 반해 캐쳐는 어두운 브라운 계열을 주로 사용했다.

이와 같이 공간이라는 것은 컬러와 선 배치 등에 의해 180° 다른 느낌을 창조해낼 수 있는데 그것은 카페의 이미지를 확정지어주며, 나아가 고객층도 선별지을 수 있다.

여기서는 화사하면서도 고급스러운 느낌의 카페가 계속 나오는데 이것은 성공한 사람들을 배경으로한 이 영화의 깔끔하고 발랄한 느낌을 한층 더 어필해 주고 있다.

무인 곽원갑(2006)

아주 오랜 전 중국(Once upon a time in China) 에는 중국인이 존경하는 4대 무술가가 있었다. 가장 유명한 이름은 바로 '황비홍'이다. 이연걸과 서극이 만나 전 세계적으로 유명한 이름이 되었지만, 그전부터 중국인의 존경을 받던 완벽에 가까운 인물이었다. 이연걸의 황비홍이 나오기 전의 많은 중국 영화들의 주인공이 황비홍이다. 심지어는 성룡의 출세작 '취권'의 성룡도 황비홍이다. '취권2'에 성룡의 아버지로 나오는 적룡은 황기영이다. 그리고 곽원갑이다. 내가 처음 곽원갑을 본 것은 이소룡의 '정무문'의 첫 장면 장례식에서 죽은 곽원갑이었다. 그리고 견자단이 주연한 TV시리즈 정무문에서 곽원갑이 많이 나왔다. 이 시리즈에서는 꽤 오래 동안 죽지 않고 활약한다. 그리고 이연걸이 진진으로 나오는 정무문. 이제 이연걸이 곽원갑으로 우리에게 찾아와 영화 〈무인 곽원갑〉으로 완성되었다. 다음은 엽문이다. 이소룡의 실제 무술 스승으로도 알려진 엽문은 견자단

주연의 '엽문'으로 알려지게 되었다. 마지막 무술 고수는 이서문이다. 일본만화 권법소년에 그 이름과 에피소드가 나온다. 그리고 별도의 번외 편으로 따로 그 이야기가 실려 있다.

"광활한 대륙을 뒤흔든 단 한 명의 무인! 절대고수 이연걸, 그의 마지막 액션 걸작! 1910년 9월... 세계 최초의 국제무술대전, 대륙의 혼은 영웅의 탄생을 기다렸다! 액션 영웅 이연걸의 마지막 투혼 2006년 3월, 절대 고수 이연걸의 마지막 액션 걸작!"이란 거창한 부제를 안고 나온 '무인 곽원갑'을 〈커피하우스 창업하기〉에 이

야기하는 이유는 동양의 중국의 차 마시는 공간을 이야기 하려고 함이다. 이 영화에서 곽원갑이 일본 무술의 고수와 차 마시는 장면이 나온다. 황비홍에서도 차 마시는 장면이 여러 번 등장한다. 화려한 액션영화에서 왜 이렇게 자주 조용히 차 마시는 장면이 나올까? 靜中動이 참動이고 亂中樂이 참樂이다. (정막중의 움직임이 진짜 움직임이고 어려움 중에 기쁨이 진짜 기쁨이다) 영화 속 주인공의 기쁨을 극대화하기 위해 고난을 극대화하듯이 액션의 극대화를 위해 정적인 장면을 보여준다. 그래서 등장하는 중국의 차 마시는 장면은 아주 조용하다. 술을 마시는 객잔이라는 장소와는 완전 구분이 된다. 중국의 다도를 보면 실제로 정중동의 공간이다. 북경에 가서 한 지인의 다도장에서 이것을 느꼈다. 아주 조용하고 움직임이 없는 곳처럼 보이나 가만히 보면 쉬지 않고 움직임이 일어나는 모습을 볼 수 있다. 다도기에 물을 붓고 차주가 차를 따라주고 또 마시고 잔을 뜨거운 물로 흘러 보내며 따뜻하게 하고, 또 따라주고 그런 작은 움직임이 쉬지 않고 일어난다. 바로 커피하우스가 그런 공간이다. 언뜻 보면 사람들이 정적으로 조용히 앉아 이야기하는 곳처럼 보이지만 그 안에서는 중국의 다도와 같이 쉬지 않고 작은 움직임이 이루어지고 있다. 손님이 들어오고 주문을 하고 커피를 가져가거나 가져다주고 차를 마시고 이야기를 하고 무언가 볼거리가 있고 계산을 하고 전화를 하고 정중동의 장소가 된다. 다도의 장소는 바로 이 정중동의 장소가 되기 위한 인테리어와 조명을 만들었다. 객잔의 그것과는 확실한 차이가 있다. 객잔의 그곳은 중국 사람답게 시끄럽게 떠들고 이야기 하지만 그 중국인들도 다도의 공간에서는 조용히 차를 마신다. 우리의 커피하우스가 객잔이 되지 않고 다도장이 되길 바란다.

시작하기

사업 계획서 작성 *Business Plan*
규모 · 예산 설정 *Financing*
입지 선정 *Location! Location! Location!*
세무 · 법률 *Permits & Licensing*

LET'S BEGIN !

현대인들은 바쁘고 여유가 없는 경쟁 사회에 지쳐가고 있다. 그러면서 뭔가 자신의 공간과 여유로운 삶을 꿈꾸기 시작한다. 불확실한 기업체계에서 불안한 미래를 보장할 뭔가를 꿈꾸는 직장인들도 많아졌다.

카페 만들기의 시작은 누구이건, 어떤 목적이건, 언제가 되었건 자신의 카페를 꿈꾸는 그 시점이다.

무언가를 시작한다는 것은 항상 두려움과 기대를 동반한다. 직장을 옮길 때도, 새로운 사업을 준비할 때도 이 기대와 두려움은 항상 같이 온다. 그래서 사람들은 뭔가 새로운 일을 할 때 여러 가지 준비를 하게 된다. 인터넷을 찾아보고, 관련 서적을 읽어보고, 그 분야에 대해 아는 사람을 찾아가 자문을 구하기도 한다. 그런 "알아가기" 과정을 거치며 조금씩 그 '무엇'에 대해 알아가고, 조금씩 두려움을 줄여나가고, 기대는 점점 커져간다.

그렇다면 카페 만들기의 시작은 어디서 무엇부터 하여야 할까?

"카페 만들기는 꿈꾸는 그 순간 시작한다."

Business Plan

01 사업 계획서 작성

창 업

주위에서 사업을 시작하는 사람들을 보면 왠지 다르다는 느낌이 든다. 행동에 자신이 있어 보이고 결정에 확신을 느끼곤 한다. 이들에게 느껴지는 자신감은 어디에서 오는 것일까? 모든 일에 있어서 가장 중요한 것은 마음의 결정이다.

사업을 시작하게 되면 아주 많은 어려움이 예기치 않은 곳에서 일어난다. 이를 어떻게 대처하느냐가 사업의 성공 여부를 좌우한다.

커피하우스 창업 절차

사업 계획 수립 ▶ 소요 비용 계산 ▶ 사업 계획서 작성 ▶ 매장 임대 ▶ 인테리어 업자 선정 ▶ 필요한 기기 구매 계약 ▶ 각종 메뉴 교육 ▶ 인허가 받기 ▶ 임시 오픈 ▶ 정식 오픈

■ 사업 계획 수립

어떠한 일이든 가장 중요한 것은 계획이다.

여기서 말하는 계획이란 사업 계획서를 작성하는 단계는 아니다. 일반적으로 대형 회사의 경우 사업을 진행할 때 사업 계획서를 쉽게 작성하고 준비하지만 소규모 창업자 대부분은 그렇지 못하다.

사업 계획서는 필요한 부분들을 하나하나 짚어가며 작성해야 한다. 예를 들면 어떤 사업을 할 것인지, 장소는 어디에 정할 것인지, 자금이 얼마나 소요될 것인지, 부족 자금은 어디에서 충당할 것인지, 운영은 어떻게 할 것인지……

커피점을 고려한다면 기기 판매자나 인테리어 설계자, 사업 파트너는 어떤 이들을 선정할 것인지, 메뉴, 마케팅 등은 어떻게 할 것인지 알아야 하고, 선택하여야 할 사항들이 수도 없이 많다.

사업을 시작하려고 하면 이와 관련된 아이디어와 계획이 시도 때도 없이 떠오른다. 잠자다가도 또는 식사 중에도 아이디어가 떠오른다. 이 모든 아이디어를 꼼꼼히 메모해 두어야 한다.

이렇게 떠오른 아이디어들을 정리해 보면 좋은 사업 계획서를 작성하기 위한 정보가 된다.

준비한 아이디어는 반드시 창업자가 직접 사업 계획서로 작성하여야 하는 것은 아니다.

전문적인 지식이 부족하다고 느껴진다면 전문가에게 의뢰할 수도 있다.

먼저 모든 상황에 대한 객관적인 정보와 사업을 하고자 하는 시장의 전망을 객관적으로 바라보고 정리하여야 한다. 그러면 창업하는 사람의 사업 구상과 목표가 사업 계획서에 완전하게 반영되어 우수한 사업 계획이 된다.

각자의 개성과 취향에 따라 사업 계획서를 작성하는 방법도 다르다. 다음은 일반적인 사업 계획서 작성 요령에 대해 정리해 보았다. 내용을 참조하여 자신만의 사업 계획서를 만들어 보자.

아이디어 노트

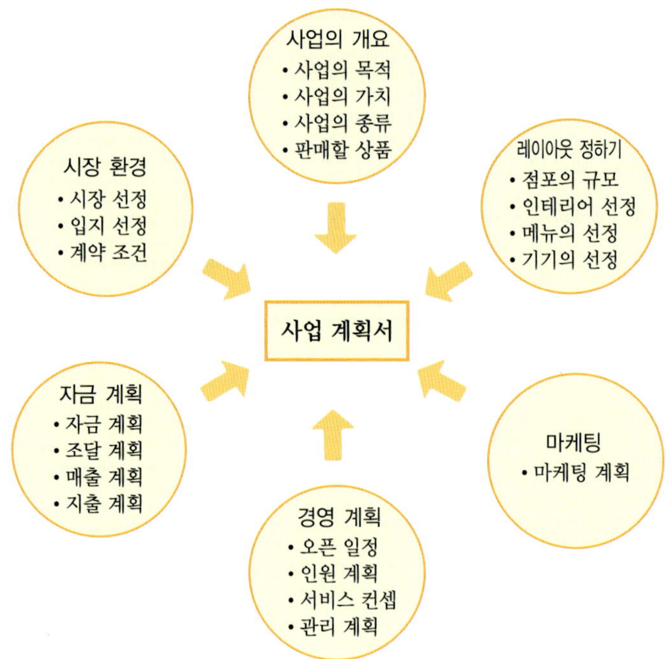

■ 사업 계획서 작성 요령

사업을 하는데 사업 계획서는 필수이다.

사업 계획서를 작성하지 않고 사업을 진행할 경우 실패 확률이 높아진다는 사실을 잊지 말아야 한다. 사업 계획서는 직접 작성하는 것이 좋다. 사업 계획서를 작성하다보면 다양한 아이디어가 떠오르기 때문이다.

사업 계획서를 작성하는 요령은 아주 간단하다. 사업 계획서란 말 그대로 계획서이므로 무엇이 들어가야 하는지 생각해 보자.

예를 들어 손님을 맞을 잔칫상을 차린다고 생각하자. 머릿속으로 여러 가지 일들을 생각하게 된다.

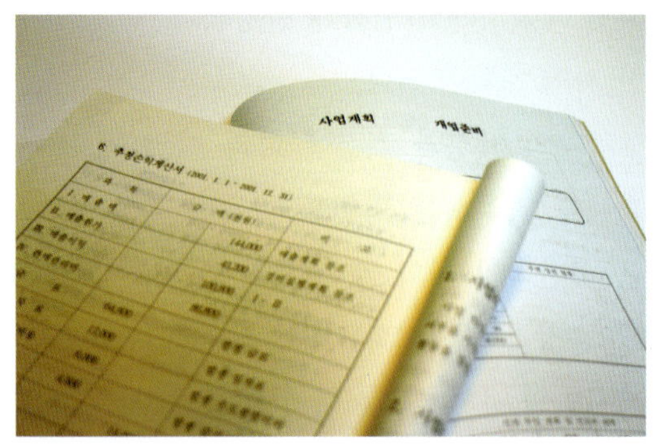

몇 명이 언제쯤 올 것인지, 어떤 메뉴를 넣을 것인지, 메뉴를 만들기 위해 언제 어디에 가서 재료를 구입할 것인지, 재료비는 얼마나 들 것인지, 누구에게 도움을 요청할 것인지 등 이 모든 것을 계획하게 된다. 하지만 이런 일을 일일이 정리하는 사람은 거의 없다. 이런 일들이 익숙해져 있다는 이유도 있지만 변수가 많지 않기 때문이다.

사업 계획도 이와 마찬가지이다. 차이점이 있다면 전혀 해보지 않은 일이며 쉽게 포기할 수 없을 정도의 상당한 비용이 들어간다는 것이다. 또한 발생 변수가 많다.

사업 계획서에는 일반적으로 누가, 어디서, 무엇을, 어떻게, 언제 할 것인지 등이 들어간다. 이 내용들은 자세할수록 좋다.

• 누가(Who)

‘누가’는 현재의 나를 나타낸다.

나의 나이는 몇 살이고 얼마의 창업 자금을 마련할 수 있으며, 이 일을 하는 목적은 무엇인지 등을 분명하고 간단하게 작성한다.

• 어디서(Where)

‘어디서’는 고객 타킷을 말한다.

중 · 고등학교가 많은 곳에서 커피점을 하기보다는 음료 사업이 적당할 것이다. 좋은 자리를 찾는 것은 상당히 복잡한 과정이지만 고객층이 가장 접근하기 쉬운 지역을 선택한다.

적당한 자리인지 알아보는 가장 쉬운 방법은 그 지역의 업주들이 많이 찾는 슈퍼나 음식점에 가서 알아 보는 것이다. 하지만 이들의 이야기를 모두 믿어서는 안 되고 참고만 한다.

그리고 인근 부동산 2~3군데에 가서 시세를 알아 보면 그 지역의 평균 임대료와 권리금을 알 수 있다.

적당한 자리가 있더라도 몇 가지 확인하고 계약을 하여야 한다. 일단 권리 관계이다. 상가 임대차 보호법이 있긴 하지만 대출이 있는지, 이자는 잘 납입하는지, 압류는 없는지, 매장이 영업 허가를 받기에 적당한 곳인지 등을 확인해야 한다.

영업 허가가 가능하려면 여러 가지 제약이 따른다. 소방 인증과 정화조, 주차장 등의 문제가 있는데 이런 일들이 너무 복잡하고 어렵다면 전문가에게 의뢰한다.

• 무엇을(What)

'무엇을' 은 어떤 형태인지를 말한다.

막연한 커피점이 아니라 어떤 메뉴를 판매하고 어느 정도의 서비스를 제공할 것인지 매장의 방향성 등을 작성한다.

메뉴에 대해서도 구체적으로 나열해야 한다. 단순하게 커피, 주스, 아이스크림, 케이크가 아니라 각 종류별로 자세하게 메뉴를 결정해야 한다.

• 어떻게(How)

'어떻게' 의 내용이 가장 많은 부분을 차지한다.

어떻게는 '인테리어, 직원 채용, 기계 구입, 기물 구입, 마케팅, 복장, 주차 관리, 배달, 재료 구입, 직원 교육, 매출, 이익, 이익 분배, 오픈 행사' 등등 각종 일어날 수 있는 상황들을 하나하나 작성하여야 한다.

이 과정이 가장 어렵다. 하지만 사업 계획서를 꼼꼼히 작성하여 실패 확률이 줄어든다면 당연히 해야 할 일이다.

사업의 실패는 재산뿐 아니라 자신감의 상실이라는 더 큰 손해를 입을 수 있다.

• 언제(When)

'언제' 는 시기별 진행 과정을 말한다.

임대 계약은 언제하고, 인테리어는 언제 할 것인지, 기기는 언제 구입할 것인지 등 각각의 일들에 대하여 일정을 만들어 관리한다. 이를 타임 테이블(time table)이라 하는데 한눈에 볼 수 있어 일을 진행하는데 큰 도움이 된다.

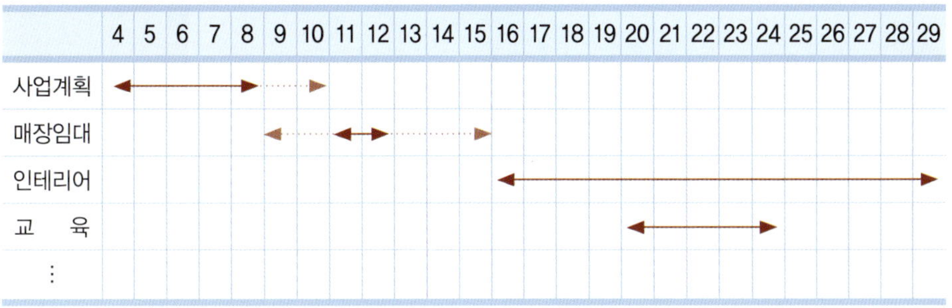

"사업 계획서와 함께 사업을 시작하자. 사업 계획서는 나의 분신"

02 규모 · 예산 설정

소요 자금 계획

카페 창업을 원하는 사람들이 가장 많이 하는 질문 중 하나가 바로 자금이다. 규모에 따라 차이가 있겠지만 아이디어와 적절한 자금 계획만 있다면 적은 비용으로도 가능한 사업이다.

소요 비용이 얼마가 들지 계산하고 그 예산에 맞춰 가능한 매장과 지역을 다시 선정한다. 창업 비용 중 가장 많은 비중을 차지하는 부분이 매장 임대이다.

그리고 나머지 비용 중 주방기기와 기물을 구입하는데 필요한 비용은 1,000~5,000만 원이다. 이는 매장의 형태와 취급 품목에 따라 달라진다.

소규모 테이크 아웃을 준비하는 경우는 1,000만 원 정도면 가능하고, 어느 정도 규모를 갖춘 매장이라면 5,000만 원 정도가 든다. 물론 욕심을 내자면 끝이 없겠지만… 그리고 인테리어 비용은 3.3m² 당 150만 원부터 500만 원까지 소요된다. 하지만 인테리어는 가격으로 설정하기 참 어려운 부분이다. 왜냐하면 150만 원에도 멋진 곳이 있고, 500만 원으로 진행하더라도 왠지 어설픈 경우가 있다. 이는 모두 인테리어 감각과 배치, 시설 등을 어떻게 조화롭게 만드느냐가 관건일 것이다.

대충이라도 가격을 알고 싶다면 인테리어 업자를 불러 본인이 원하는 형태의 매장을 보여 주고 단가를 알아보는 방법이 있다. 하지만 대부분 실제 비용은 인테리어 업자가 제시하는 가격보다 10~20% 정도 초과되는 것이 일반적이다.

소요 자금은 동원 가능한 자금의 80%선에서 계산하는 것이 좋으며, 소요 자금 범위 내에 향후 최소 3개월분의 인건비와 임대료가 비용으로 계산되어야 한다.

모든 자금을 동원하여 창업을 한 후 여유 자금이 없으면 추가 마케팅을 할 수도 없고, 고객을 위한 서비스도 떨어져 영업의 악순환이 되기 쉽다.

사업에 필요한 자금을 40평 기준으로 예를 들어 작성해 보면 다음과 같다.

(단위 : 만 원)

구 분	내 용	금 액
건 축	인테리어	5,000 ~ 15,000
	간 판	200 ~ 500
	소 품	100 ~ 300
설 비	주 방	1,500 ~ 5,000
	기타 설비	500 ~ 1,000
기 타		500 ~ 1,000
합 계		7,000 ~ 22,500

자금 조달 계획

창업을 할 때 가장 큰 고민은 자금의 부족이다. 하지만 외식업에 성공한 많은 사람들 중 충분한 자금력으로 성공에 이른 사람은 5%도 되지 않는다.

예상과 달리 대부분의 성공한 사람들은 부족한 자금을 잘 관리하고 운영하여 성공에 이르게 되었다. 이를 보면 충분한 자금이 성공의 열쇠는 아니라는 것을 알 수 있다.

그러나 사업 계획상 계산된 최소한의 자금은 반드시 있어야 한다. 그리고 준비하는 과정에서 발생하는 시행 착오들은 추가 비용이 발생함으로 예비비는 계산해 두어야 한다.

카페를 창업할 소요 예상 금액이 나오면 이에 대한 조달 계획이 세워져야 한다. 동원이 가능한 은행 예치금 등 자기자금, 금융기관 차입금, 친인척 차입금, 투자금, 리스 등이 얼마나 되는지 확인한다. 그 금액에 맞추어 가능 상권이 어디인지 확인하고 어떤 컨셉을 할 것인지도 정한다.

준비된 자금이 부족하여 시작할 수 없다고 사채를 쓴다거나 단기 자금을 쓰는 것은 주의하여야 한다. 이런 방법은 사업의 가장 큰 걸림돌이 된다.

조금만 더 관심을 가지면 정부 기관과 금융 기관의 자금지원제도를 이용하여 각종 대출을 받을 수 있는 방법이 있다. 특히 2005년 이후부터는 다양한 정부기관에서 창업을 독려하면서 자금지원과 인력지원 사업을 펼치고 있으니 이들을 적극 활용하면 시설자금뿐 아니라 운영비의 부족분을 쉽게 해결할 수 있다.

창업을 지원하는 기관

- 창업넷 : www.changupnet.go.kr
- 소상공인지원센터 : www.sbdc.or.kr
- 근로복지공단 : www.kcomwel.or.kr
- 한국여성경제인협회 : www.womanbiz.or.kr
- 중소기업청 : www.smba.go.kr

자금 상환 계획

사업을 할 때 기본은 호주머니와 금고를 분리하여야 한다.

카페의 경우 매일 상당 금액의 현금을 만질 수 있고, 지갑으로 들어간 현금들은 어디에 쓰여졌는지도 모르게 사라지고 만다. 정작 월 임대료를 내거나 이자, 급여를 주어야 할 때 곤란한 일이 생기곤 한다.

카페의 주인도 근무하고 있는 근로자라 생각하자. 근로자는 절대 카페의 돈을 유용할 수 없고 단지 월급을 받아 사용할 수 있다. 카페를 운영하면서 가장 우선적으로 계산하여야 할 비용은 임대료와 이자이다. 그 다음이 재료비, 제세공과금, 그리고 자신을 포함한 급여이다.

마지막으로 인테리어에 대한 감가상각을 고려하여야 한다. 이렇게 정산을 마친 후 남는 돈이 이익이다.

예상 손익 계산

매출의 예상은 쉽지 않지만 꼭 알아보고 시작하여야 한다. 예상 매출을 알지 못하면 얼마의 이익을 낼 수 있을지, 어떠한 가능성이 있는지 알 수 없기 때문이다.

예상 매출을 알 수 있는 가장 쉬운 방법은 경쟁이 되는 인근의 카페를 가보면 예측이 가능하다.

테이블 수가 몇 개인지, 평균 몇 테이블에 손님이 있는지, 객단가는 어떻게 되는지, 시간대별 고객의 변화는 어떤지, 요일별 고객의 변화는 어떤지 등을 파악하고 이에 대하여 운영하고자 하는 카페의 경쟁력을 감안하여 예상 매출을 잡는다.

이렇게 만들어진 예상 계획과 예측 가능한 모든 비용을 감안하여 지출 계획을 세우고, 예상 매출과 예상 지출 계획을 기준으로 손익 계산을 한다.

손익 계산을 하기 위해서는 메뉴에 대한 평균 원가율이 계산되어야 한다. 계산된 원가율을 제외한 나머지가 이익이 되는데, 이 이익금의 총 합계가 하루 분의 인건비, 감가상각비, 금융비, 제세공과금의 합계 금액에 도달하게 되면 손익 분기점에 도달하게 된다.

순이익 = 1개월 총 예상 매출액 − 인건비, 감가상각비, 원가비, 금융비, 제세공과금, 월 임대료

"예산에 대한 정확한 개념 설립은 사업자의 기본 자세이다."

03 입지 선정

외식 사업을 할 때 입지가 매출의 70% 정도 영향을 준다고 한다. 외국에서도 사업의 장소를 선택할 때 Location! Location! Location!으로 반복해 불리며 중요성을 강조하고 있다. 입지 선정은 그만큼 중요하다.

카페가 주택가에 있느냐, 시내 중심가에 있느냐, 그 차이는 말하기 어렵다. 물론 시내 중심가에서 장사를 하게 되면 매출은 좋을 것이다. 하지만 적절한 환경을 갖춘 주택가에 위치한 카페의 경우는 순이익이 많을 수 있다.

시내 중심가에서 이익을 많이 낼 수 있다면 더할 나위 없지만 처음으로 창업하려는 이들에게 그런 자리를 구하기란 쉽지 않다.

가장 우선이 되는 자금 문제가 그렇고, 좋은 자리가 본인에게 오는 기회를 잡기도 쉽지 않기 때문이다. 이 모든 것을 감안하여 본인이 계획하고 있는 자금의 범위 내에서 좋은 입지를 가지려면 직접 조사하며 연구하고 노력하는 방법밖에 없다.

위치를 선정하는데 다양한 방법들이 있지만, 이 책에서는 일반적인 내용들과 계약상 주의사항에 대하여 알아보자.

"Location! Location! Location!"

직접 임대하기

예산이 어느 정도 설정되었다면 이제 장소를 구해야 한다. 어느 위치에 카페를 차릴 것인가?

쉽게 마음에 드는 장소를 구할 수도 있으나 대부분의 경우는 많은 시간과 다리품을 필요로 한다. 마치 까다로운 사람이 배우자를 고르듯이 어려운 문제이다. 이 사람과 결혼하자니 더 괜찮은 사람을 만날 것 같고, 이 사람은 다 좋은데 키가 조금 작고, 이 사람은 인물은 좋은데 집안이 좀 그렇고… 결국은 때를 놓치게 된다.

점포를 구할 때도 마찬가지이다. 괜찮기는 한데 뭔가 모자란 것 같아 다른 곳을 보고, 역시 그곳이 좋다고 돌아오면 이미 다른 사람이 계약한 후이다.

어느 정도 나의 예산과 대비해서 최선이라고 판단되어지면 계약을 하는 결단력도 중요하다. 인테리어와 상품으로 모자란 부분을 채워나가면 된다.

얼마 전 목동에 카페를 오픈한 L씨를 점포 구하는 단계에서부터 계속 지켜보았다. 서울의 중심부터 외곽까지 서울 전역을 돌아다녔다. 그런데 마음에 들면 권리금과 보증금이 너무 비싸고, 예산과 비슷하면 상권이 마음에 들지 않았다.

또 처음에 좋아보여 막상 계약하려면 나쁜면이 드러나곤 했다. 다음에는 경기도 수도권 일대를 돌아다니기 시작했다. 용인, 일산, 분당, 수원 등 너무나 힘들고 고단한 일정이었다.

이렇게 돌아다니기를 5개월 이상 하였으니 그 심적·육체적 고생은 대단하였을 것이다. 결국은 좋은 곳에 적당한 예산으로 점포를 마련하였다.

이렇듯 장소 구하기는 힘들고 어려운 일이다. L씨처럼 오랜 시간을 투자하여 만족할 만한 장소를 구한다면 다행이지만, 구하고 나서도 후회를 하고 아쉬워한다면 문제가 된다. 좋은 점포를 빠르게 구하는 왕도는 없다.

직접 점포를 임대할 때 주의할 점에 대하여 알아보자. 몰라서 낭패를 보고 후회하는 일은 없어야 한다.

"좋은 장소를 잡는 일에 왕도는 없다. 정보와 다리품, 그리고 운도 필요하다."

■ 주의 사항

상권을 조사할 때 여러 가지 사항을 고려하여야 한다. 가장 우선적으로 상권의 지도를 만들어 본다. 지도의 범위는 실질적인 영향을 받을 수 있는 범위이다.

일반적으로 커피점이 영향을 받는 범위는 500m 이내이다. 이곳의 건물과 입점해 있는 점포를 일일이 조사하여 경쟁 업종과 보조 업종 등을 표시한다. 인터넷에서 지도를 출력하여 그곳에 표시하는 방법도 좋다. 이렇게 만들어진 지도는 그 지역의 가능성과 경쟁 상황 등을 보여 준다.

지도를 분석해 보면 그 지역이 소비 지역인지 아니면 공공시설 밀집 지역인지 등을 확인할 수 있다.

아무리 사람이 많더라도 그 지역이 일을 보기 위해 모이는 곳이라면 발걸음은 빠를 것이고, 유동 인구의 유입률은 평균 이하인 경우가 많다.

직장인들이 많은 곳은 고객 시간대별 고객 집중도가 크기 때문에 매장의 크기가 매출과 직결된다.

그 다음은 유동 인구의 조사이다. 성별, 연령별, 요일별, 시간대별 조사가 필요하다. 특히 그 지역의 주요 대상 고객층의 활동 범위와 시간대별 유동 인구 조사에 역점을 둔다.

또한 이들의 소비 정도인 실구매 참여율을 함께 파악하면 좋다.

마지막으로 점포의 가시성과 접근 용이성, 공간 활용 가능성 등을 조사한다.

점포의 가시성이란 얼마나 눈에 잘 띄

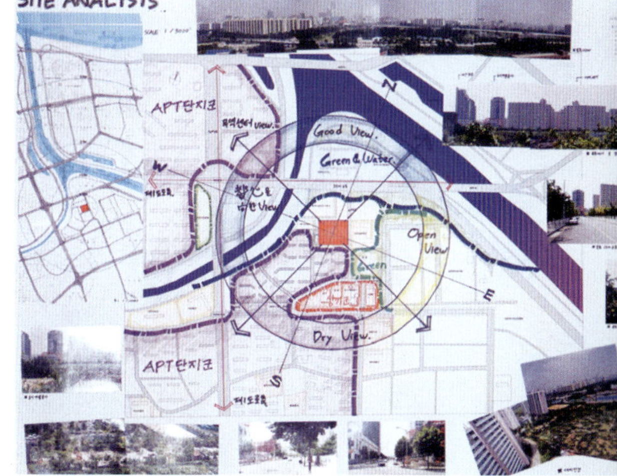

는가이다. 사람이 많은 곳이라 하더라도 눈에 띄지 않으면 안된다. 이런 경우는 사람들의 가시성을 높이기 위해서 다양한 방법을 동원하여야 한다.

접근 용이성이란 말 그대로 접근이 쉬워야 한다는 것이다. 진입로가 너무 협소하다든지, 건물 뒤쪽으로 입구가 있다든지 하면 장사가 어렵게 된다.

공간 활용성이란 매장에 기둥이 적절한 장소에 있는지, 면적 중에서 높이나 폭이 적당하지 않아 공간 활용이 불가능한지 등을 파악하여야 한다.

이런 기준으로 대형 프랜차이즈점 등을 고찰해 보면 타당성을 확인할 수 있다.

컨설팅 통해 알아보기

장소를 선정하는데 있어 자신이 없을 경우 부동산 전문가에게 의뢰하는 것도 좋은 방법이다.

물론 수수료가 들어가겠지만 그만큼 권리금이나 임대료에서 조정을 받을 수 있어 생각보다 유리한 조건에 임대를 할 수 있다. 단, 믿을 만한 회사를 선택하여야 한다.

부동산 전문가에게 의뢰할 때 본인이 최소한의 몇 가지 기준을 잡고 있어야 자리를 잡는데 도움이 된다.

첫째, 어느 지역에서 사업을 할 것인지.
둘째, 몇 평으로 할 것인지.
셋째, 투자 비용은 어느 정도 책정하고 있는지.
넷째, 몇 층에서 사업을 할 것인지.

카페의 위치는 사업주의 집과 가까우면 도움이 된다. 특A급 자리가 아니더라도 집과 가까운 곳에서 일정 이상의 매출 가능성이 있는 곳에 창업하는 것이 좋다. 꼭 집에서 가까운 상권이 아니더라도 차량으로 이동할 때 30분 이내에 위치하는 곳도 좋다.

2~3개의 부동산 컨설팅 회사를 선정한 다음, 그들이 제시하는 점포와 상권을 관찰하고 마음에 들지 않는다면 다른 점포를 요청하여야 한다.

몇 개의 점포를 알아보더라도 임대 계약이 성사되지 않으면 컨설팅 비용을 지불

할 필요가 없다.

이와 함께 몇 평으로 시작할 것인지도 중요하다. 카페를 하는데 10평을 가지고 시작하려 한다면 1층에서 테이크 아웃 형태가 가능하다. 2층이나 지하에서 카페를 하려면 최소 20평 이상은 되어야 한다. 1층에 20평 이상도 좋다. 1층의 20평은 2층의 40평과 권리금이 같을 수도 있으니 손익을 계산한 후 결정하여야 한다.

자금이 허용한다면 30~100평도 좋다. 이때 권리금, 보증금, 월 임대료, 인테리어 비용, 기기 구입비

등을 고려하여 투자 비용에 대한 기회 손실, 평수를 고려한 인건비, 공과비 등을 감안하여 결정하여야 한다. 투자 비용이 너무 많아지면 손익 분기점도 높아지기 때문에 이익을 내기가 어렵다는 것을 잊지 말아야 한다.

결국은 투자 비용과 예상 수익에 따라 장소의 결정도 이루어지므로 앞에서 알아본 규모·예산 설정과 장소의 결정은 동시에 이루어져야 한다.

"컨설팅을 통한 입지 선정에서도 최종 판단은 결국 나의 몫이다."

점포의 계약

입지 선정이 끝나면 계약에 적당한 곳인지 확인한다. 가장 중점적으로 보아야 할 부분은 등기부 등본이다.

등기부 등본은 부동산에 대한 권리 사항을 표시한 문서로 소유권, 압류, 경매 관

련 사항, 저당권 등이 표시되어 있다.

이 등기부 등본은 한번만 떼어 보는 것이 아니라 중도금이나 잔금을 지급할 때마다 발급하여 확인하여야 한다.

토지대장과 도시계획확인원, 건축물 관리대장 등도 확인해야 한다. 건물마다 용도가 있다. 용도에 따라 카페를 할 수 없는 건물도 있고 아예 주거용인 경우도 있다. 이전에 동일 업종이 있었다면 문제가 없지만 다른 업종이 있었다면 꼼꼼히 확인하여야 한다.

- 건물의 용도
- 정화조 시설이 충분한지의 여부
- 건물의 주차 공간이 확보되어 있는지의 여부
- 2층 이상이나 지하에 위치한 점포는 실평수 30평 이상일 때 비상구가 있는지의 여부

이 모든 사항이 구청에서 영업 허가를 받을 때 필요한 조건들이다.

이러한 일반적인 내용이 확인되었다면, 매장 건물에 대한 일반적인 사항에 대하여 정보를 수집하여야 한다. 인근 상가를 돌아다니면서 그 점포에 대한 정보를 수집한다.

- 시세가 얼마나 되는지
- 매장의 주인이 자주 바뀌었는지
- 방수는 잘 되는지
- 급 · 배수 시설은 잘 되어 있는지
- 최근에 물에 잠긴 적은 없는지
- 화재가 난 적이 있는 건물인지
- 전기의 용량은 충분한지
- 화장실 공간은 충분한지

이러한 확인 사항이 점포를 임대하기에 적당하다고 판단되면 임대 계약을 맺는다.

점포를 임대할 때에는 그냥 만나서 도장만 찍는 것이 아니다. 계약서에 날인한 이후부터는 금전적인 이해 관계가 개입된다.

일반적으로 계약을 하고 계약금을 지급하면 계약이 성립되었다 할 수 있는데 부

득이한 사유로 계약을 파기할 경우는 임대인이 파기 요청시 계약금을 포기하여야 하고, 임차인이 파기 요청시에는 계약금의 2배를 반환하여야 한다. 계약서에 단서 조항을 넣어 둔다면 이를 방지할 수 있다.

예를 들면 '계약 후에 해지를 할 만한 법적인 사유나 영업 허가 불가한 결함이 있을시 쌍방의 일체 피해도 없이 전액 반환하고 계약을 파기할 수 있다' 라는 계약 해지 조항을 두면 손해를 피할 수 있다.

계약서에 표시할 내용에는 충분한 임차 기간 명시와 권리금 보장상의 특약, 부속물의 이용에 관한 내용, 부가세에 대한 내용, 구조물 변경에 대한 내용 등이 있다.

■ 점포 임대시 주의 사항

1. 원하는 곳에서 직접 유동 인구를 파악하는 것이 좋다. 시간대별, 연령별, 요일별 특성을 파악하고 대상 고객이 상권에 미치는 효과를 파악하라.

2. 경쟁 점포의 수가 어느 정도인지 파악하고 경쟁업체들 중 장사가 잘되는 곳과 잘되지 않는 곳의 분위기와 특성을 파악하여 잘되는 점포를 벤치마킹 하라.

3. 임대 면적과 실 면적과의 차이를 확인하라.

4. 1층이나 2층을 임대하고, 지하나 3층 이상은 배제하는 것이 좋다. 차라리 스카이라운지로 선택하라.

5. 등기소에서 해당 주소지의 건물에 대한 등기부등본을 떼어 소유주가 맞는지, 근저당 설정은 없는지 확인하라.

6. 해당 주소지의 도시계획확인원을 열람하여 향후 도로 계획이나 재개발 계획이 없는지 확인하여야 최소한의 권리금을 보장받는다.

7. 대형 간판이나 파라솔 등 외부 인테리어를 할 수 있는 공간이 넓은지 확인하라.

8. 점포의 권리금과 임대료가 주위에 비해 유난히 비싸거나 싸지 않은지 확인하라.

9. 맞은편에 점포가 형성되어 있지 않으면 사람들을 흡입하는 힘이 약해 점포로 적절하지 않다.

10. 3개 점포 정도를 후보로 선정하고 그 중 제일 맘에 드는 점포를 임대하라.

11. 권리금에 대해서는 주인이 인정하여 주지 않는다는 사실을 잊지 말라.

12. 권리금은 1년 동안 벌어 들일 수 있는 순수익을 초과한다면 많은 금액이다.

13. 영업 허가를 마치고 사업자 등록시 확정 일자를 관할 세무서에서 받아놓는다.

"입지 분석은 언제라도 발생할 수 있는 실수를 줄일 수 있는 방법이다."

Permits & Licensing

04 세무 · 법률

일반인이 가장 싫어하는 부분이 바로 법과 세무에 관한 사항이다. 그러나 피해갈 수 없는 중요한 사항이기도 하다. 사업을 하려면 본인이 법률과 세무에 대해 알아야 한다.

누군가 "상황을 바꿀 수 없다면 그 상황을 즐겨라."고 말했다. 어차피 우리나라에서 법률과 세무를 모르고는 사업을 할 수 없으므로 '세무 · 법률'을 즐겨보자.

"복잡하고 골치 아픈 법률 · 세무, 즐거운 마음으로 알아보자."

계약에 따른 법률

사업을 시작하면 그동안 계약할 일이 없었던 사람들도 많은 계약을 접하게 된다. 어떤 계약을 어떻게 하면 되는지 알아보자.

상인을 보호하기 위한 '상가 건물 임대차보호법'이 2009년 5월 8일 개정되어 시행되고 있다.

주요 골자 중 창업자에게 직접적으로 영향을 미치는 내용은 임차 기간 보장, 일정 금액 보증금 우선 변제, 권리금과 시설금 불인정, 매매 등으로 임대인이 변경되더라도 임차인은 권리를 유지, 임대료 인상 제한 등을 주요 내용으로 하고 있다.

■ 임차 기간 보장

임대차 기간을 정하지 않았거나 임대차 계약을 1년 미만으로 했더라도 임대차 기간을 1년으로 인정한다. 또한 이 임차 기간 동안 임대차 기간 만료일전 1개월부터 6개월 사이에 계약 갱신을 요구하면 정당한 사유 없이는 5년이 넘지 않은 범위에서 거절하지 못한다.

실질적으로 임대차 기간이 5년간 보장되는 것이다. 단, 계약 갱신 요청을 잊지 말기 바란다. 갱신 요청은 내용 증명으로 하는 것이 좋다.

단, 임차인이 허위 또는 기타 부정한 방법으로 임차했거나 쌍방 합의 하에 임대인이 임차인에게 상당한 보상을 제공한 경우, 임차인이 임대료를 3번 이상 연체한 사실이 있는 경우, 임차인이 임대인의 동의 없이 목적 건물의 일부 또는 전부를 대여한 경우, 임차인이 건물의 일부 또는 전부를 고의 또는 중대한 과실로 파손한 경우, 임대인이 목적 건물의 전부 또는 대부분을 철거하거나 재건축을 하기 위해 목적 건물의 점유 회복이 필요한 경우 등 특별한 경우에는 계약을 거절할 수 있다.

■ 일정 금액 보증금 우선 변제

점포를 임대하고 사업자 등록을 하여야 한다. 사업자 등록은 "상가 건물"이 되기 위한 조건일 뿐 아니라 "대항력"을 확보하기 위해서도 필수적이다.

보다 확실한 임차 권리를 주장하는 방법은 건물 소재지 관할 세무서에서 확정 일자를 받아 두는 것이다.

사업을 하기 위한 확정 일자는 임대차 계약서의 존재 사실을 건물 소재지 관할 세무서장이 인정하여 임대차 계약서에 날짜를 기입하는 것을 말한다.

건물을 인도 받고 사업자 등록을 한 임차인이 확정 일자를 받게 되면 임차한 건물이 경매나 공매로 넘어갈 경우 확정 일자를 기준으로 법으로 정한 보증금(서울 2억 6천만 원, 수도권 2억 1천만 원, 광역시 1억 6천만 원, 기타 지역 1억 5천만 원)을 채권에 대해서 우선 변제 받을 수 있다.

만약 임차 보증금이 소액(서울 4,500만 원, 수도권 3,900만 원, 광역시 3,000만 원, 기타 2,500만 원)일 경우는 임차 보증금의 1/3에 해당하는 금액(서울 1,350만 원, 수도권 1,170만 원, 광역시 900만 원, 기타 지역 750만 원) 한도 내에서 다른 담보 물권보다 최우선 변제한다.

이때 임차 보증금은 월세를 감안하여 전세로 계산한 금액도 보증금으로 인정하게 되니 주의하여야 한다.

■ 권리금과 시설금 불인정

모든 매장을 임차하려 할 때 대부분의 매장은 매출 가능성과 시설비에 대한 양도를 하면서 권리도 매매를 하게 된다. 이를 권리금이라 한다. 권리금은 자릿세라는 개념이 강하다.

2002년에 개정된 임대차 보호법에서는 권리금에 대하여 인정을 하지 않는다. 인정을 하지 않는다는 것은 법적으로 보호받지 못한다는 것이지 실질적으로 회수하지 못한다는 것은 아니다.

임차인에게 임대 보증 기간 연장이라는 권한을 부여함으로 시설비에 대한 금액을 회수할 수 있도록 하고 있다. 또한 임대 기간이 지나더라도 건물주가 매매나 직접 경영을 하려고

나서지 않는다면 다음 임차인에게 개인적인 계약을 통하여 권리금을 요청할 수 있다.

간혹 건물주가 직접 장사를 하겠다고 하면서 권리금을 일체 인정하지 않는 경우도 있으니 주의하여야 한다.

■ 매매시 임차인 권리 유지

임대인이 매매나 경매 등에 의하여 바뀌더라도 매장을 실제 사용하면서 사업자등록을 하였을 경우 별도로 양수인과 다시 임대차 계약을 체결할 필요가 없으며, 원래의 임대차 기간이 끝날 때까지 계속 사업을 영위할 수 있다.

임차 보증금은 기간 만료 후 양수인으로부터 반환 받을 수 있다. 이때 임대차 보증금 반환도 부동산의 소유권과 함께 양수인에게 이전되므로 임차인은 종전의 소유자에 대하여는 더 이상 보증금 반환을 요구할 수 없게 된다.

■ 임대료 인상 제한

건물주는 임대료 또는 보증금이 임차 건물에 관한 조세공과금이나 그 밖의 부담이 증가하여 어쩔 수 없이 인상을 하여야 할 경우 임대료의 증감을 청구할 수 있다. 그러나 증액의 경우에는 연 12%를 초과하지 못하며, 임대차 계약 또는 증액이 있은 후 1년 이내에는 증액을 하지 못하도록 하여 과다 인상을 막고 있다.

허가에 따른 법률

커피하우스에서 받아야 하는 인허가는 영업신고, 요식업협회 등록, 종사자의 보건증, 사업자등록 등이 있는데 영업신고를 취득하는 것이 가장 어렵다.

영업신고를 하기 위해서는 소방 시설을 잘 갖추어야 하며, 주차장과 정화조 시설이 충분하여야 영업 허가를 받을 수 있다.

기존의 매장을 인수하는 경우는 별 문제가 없지만 그렇지 않은 경우는 이들을 철저히 시공하고 허가를 받아야 한다.

■ 휴게 음식점과 일반 음식점

카페의 영업 허가에는 두 가지 방법이 있다. 하나는 휴게 음식점으로 허가를 내는 방법이고, 다른 하나는 일반 음식점으로 허가를 내는 방법이다.

휴게 음식점의 법률상 정의는 음식류를 조리 판매하는 것으로 음주 행위가 허용되지 않는 영업을 말하고, 일반 음식점의 법률상 정의는 음식류를 조리 판매하는 것으로 식사와 함께 부수적으로 음주 행위가 허용되는 영업을 말한다.

매장의 규모에는 제한이 없으며 건물 용도상 근린 생활 시설과 제2종 근린 생활 시설에서 영업할 수 있다.

앞에서도 말했듯이 휴게 음식점에서는 일체의 주류를 판매할 수 없다. 휴게 음식점에서 주류를 판매하게 되면 벌금이나 영업 정지 등 법적인 불이익을 당하게 된다. 카페에서 병맥주나 칵테일을 판매하고자 할 때에는 일반 음식점으로 허가를 받아야 한다. 단, 일반 음식점으로 영업 허가를 내게 되면 식사를 판매하여야 한다. 일반 음식점에서 식사를 판매하지 않으면 또한 벌금이나 영업 정지의 불이익을 당하게 된다.

■ 영업 허가 순서

위생 교육 ◐ 보건증 ◐ 소방 시설 완료 ◐ 구청 신고(허가) ◐ 세무서 사업자 등록

영업 허가를 받기 위해서는 우선적으로 위생 교육을 이수하여야 한다. 위생 교육을 받고 난 후 교육 필증과 소방 시설 완비 증명서, 시설 도면 위치도, 시 수입인지 28,000원과 채권 비용 10만 원 이내 금액을 가지고 구청(시청) 위생과로 가서 몇 가지 서류를 작성하고 난 후 허가세를 납부하면 허가증을 발급해 준다.

처리 기간은 3일이나 30평 미만의 경우는 신고로만 가능하고 30평이 넘는 경우는 허가를 해 준다. 영업허가증을 받으면 세무서로 가서 사업자 등록을 하고 보증금 보호를 위해서는 확정일자 신청서를 작성하면 된다.

• 위생 교육

식품 위생법 제27조 제3항의 규정에 의하여 위생 교육을 받아야 한다. 위생 교

육은 1개의 카페에서 1인 이상이 받아야 하고, 꼭 업주가 아니더라도 실질적인 영업을 할 직원이나 위생 관리를 할 직원이라면 교육을 받을 수 있다.

위생 교육은 휴게 음식점으로 허가를 받을 경우 한국 휴게실업중앙회를 통하여 받을 수 있고, 일반 음식점의 경우는 한국일반음식업중앙회를 통하여 받을 수 있다.

교육 시간은 1일(6시간) 동안 받아야 하며, 이를 받지 않고는 구청이나 시청에서 영업 허가를 해 주지 않는다.

• 보건증

모든 식품 접객업의 일선 점포에 종사하는 직원은 식품 위생법에서 규정하는 보건증을 소지하여야 점포 근무가 가능하다. 보건증 없이 점포 근무를 하다 적발되면 영업 정지 또는 벌금을 징수하게 된다.

보건증은 카페 관할지의 보건소에 사진 2매와 신분증만 가지고 본인이 직접 가서 간단히 위생 검사를 받으면 2~3일 이내에 발급된다.

• 소방 시설

카페의 경우 화재시 많은 인명 피해가 우려되므로 2층 이상 카페의 바닥 면적 합계가 100m²(지하층일 경우에는 66m²) 이상일 때 영업신고 등록 등을 하기 전에 소방 시설과 방화 시설을 하여야 한다.

인테리어 시공 전에 관할 소방서에 문의하여 해당 매장에 대한 규모를 이야기하고, 어떠한 소방 시설을 갖추어야 하는지 꼭 확인해야 한다.

- 소방 시설 : 소화기(수동식 또는 자동식)와 간이 스프링클러, 유도등, 비상 조명등, 휴대용 비상 조명등

- 경보 설비 : 비상벨, 가스 누설 경보기
- 비상구 : 정문과 다른 면으로 접하는 비상구, 방화문
- 전기 시설 : 누전 차단기, 피난 유도선
- 인테리어 : 방염 제품 사용, 방염 페인트 도색

사업자 등록

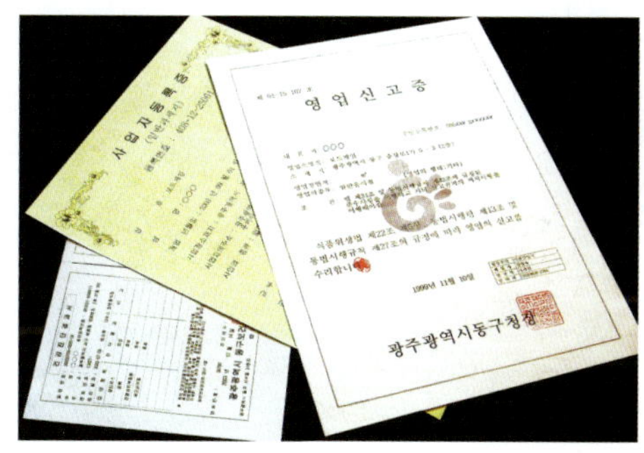

사업자가 사업을 시작한 날로부터 20일 안에 사업자 등록을 신청하지 않으면 가산세(시작일로부터 매출액의 1~2%)를 내게 된다.

또한 사업자 등록을 하지 않으면 세금 계산서의 교부나 매입 세액의 공제를 받지 못한다.

사업자 등록은 일반 사업자와 법인 사업자의 사업자 등록으로 나누어지는데, 카페의 경우 법인 사업자로 등록하는 사람이 적기 때문에 일반 사업자에 대한 사업자 등록 기준으로 알아본다.

사업자 등록은 어느 누구나 할 수 있지만 카페의 경우 음식을 만드는 업소 중 하나이기 때문에 일정한 조건을 갖춰야 받을 수 있다.

사업자 등록에 필요한 서류는 다음과 같다.

- 사업자 등록 신청서　　　　• 주민등록등본
- 임대차 계약서 사본　　　　• 영업 허가증

위의 서류를 관할 세무서에 제출하면 당일에 발행된다. 이때 일반 과세자로 할 것인지 간이 과세자로 할 것인지 결정해야 한다.

간이 과세자로 사업자 등록을 하면 세금에 대하여 이익을 받을 수 있지만 연간

매출액이 4,800만 원이 넘지 않아야 한다. 또한 물품 구매시 원천 징수하는 부가
가치세를 환급 받을 수 없으므로 주의하기 바란다.

일반 과세자로 사업자 등록을 할 때는 세금을 일정 세율에 의하여 납부하지만,
구매하는 제품에 대한 원천 징수 부가가치세는 환급 받을 수 있다.

세 무

사업을 시작하면 누구나 세금을 납부하여야 한다. 주로 발생하는 세금의 종류는
소득세(법인세)와 부가가치세이다.

세금을 어떻게 얼마나 내야 하는지 알아보자.

■ 소득세

소득세는 경제활동을 통하여 얻어지는 소득에 대하여 과세하는 세금이기 때문
에 카페 사업을 하더라도 소득 금액에 대하여 세금을 내야 한다. 소득 금액이라 함
은 연간 총 수입 금액에서 필요 경비를 공제한 금액을 말한다.

개인 사업자의 경우는 종합소득세라 하고, 법인 사업자의 경우는 법인세라 한
다. 소득세를 계산하기 위해서는 소득 금액을 계산하여야 한다.

소득 금액 = 연간 총 수입 금액 – 필요 경비

이때 장부를 기장하지 않은 사업자는 총 수입 금액에 업종별 표준 소득률을 곱
하여 소득 금액을 계산한다.

소득 금액 = 연간 총 수입 금액 × 표준 소득률

이렇게 산출된 소득 금액은 소득에 대한 공제를 제외하고 일정 세율을 곱하여
세액을 산출하게 된다.

산출 세액 = (소득 금액 – 소득 공제) × 세율

산출된 세액은 일정 부분의 세액 공제와 감면 세액을 제외하여 결정 세액을 산출하게 된다.

결정 세액 = 산출 세액 − (세액 공제 + 감면 세액)

결정 세액 중 이미 납부한 중간 예납을 제외하면 5월에 납부할 세액이 된다.

결정 세액 − 이미 납부한 세액 = 자진 납부할 세액

소득세는 1. 1~12. 31까지 연간 얻은 소득에 대하여 다음해 5. 1~5. 31까지 주소지 관할 세무서에 신고 · 납부하여야 한다. 신고하지 않을 경우에는 당초 신고 · 납부하여야 할 세금에 가산세를 부담하므로 꼭 신고하기 바란다. 직접 신고하기 어려울 때는 세무사 사무실에 자료를 대행할 수 있다.

• 소득세와 법인세

개인 사업자는 사업이 일정 규모 이상으로 커지면 법인으로 전환하는 것이 유리하다. 일반 사업자의 경우는 사업 과세 기준 금액이 2,500만 원을 초과할 경우 법인으로 전환하는 것이 유리하다.

사업 소득세의 경우 체계가 10~40%로 구분되어 있고, 법인세는 과세 표준 1억을 기준으로 16%와 28%로 이원화되어 있기 때문에 과세 기준이 2,500만 원이 넘어가면 세금이 훨씬 높아진다.

■ 부가가치세

모든 물품을 구입하거나 판매할 때 10%의 부가가치세가 부과된다. 이렇게 부과되는 부가가치세는 물품을 구입할 때 우선 납부를 하고, 상품을 판매할 때 구매자에게 부가가치세를 받아서 차액을 일정 기간 동안에 납부하여야 한다.

• 과세 기간

부가가치세의 과세 기간은 매년 1월 1일부터 6월 30일까지를 제1기, 7월 1일부터 12월 31일까지를 제2기로 구분하여 1기분의 신고 납부는 7월 25일까지, 2기분의 신고 납부는 1월 25일까지 사업장 소재지 관할 세무서에 부가가치세 확정 신고를 하고 그 세액을 납부하여야 한다.

납세 의무자의 일시 납부에 따른 자금 부담을 덜어 주기 위하여 각 과세 기간에 대한 예정 신고 기간을 두어 매년 1월 1일부터 3월 31일까지를 제1기 예정 신고 기간, 7월 1일부터 9월 30일까지를 제2기 예정 신고 기간으로 정하여 그 기간 동안의 사업 실적에 대하여 다음달 25일(4.25, 10.25)까지 부가가치세를 신고 · 납부하도록 하고 있다.

• 세금 계산서

일반 사업자나 법인 사업자로 사업자 등록을 한 경우 세금 계산서를 발행하여야 하는데 세금 계산서에는 사업자에 대한 일반적인 정보와 거래 품목 수량, 거래 금액 등이 표시된다.

일반적인 물품을 구입할 때는 가능하면 모든 거래에 대하여 세금 계산서 발행을 요청하는 것이 좋다. 세금 계산서의 세금에 대하여는 환급이 가능하기 때문에 물품을 판매하면서 발생하는 부가가치세에 대하여 상쇄되는 역할을 한다.

특히 카페의 경우 커피 가격에 표시하지는 않지만 10%의 부가가치세가 포함되어 있다. 하루 매출이 50만 원이라면 이중 5만 원은 부가가치세로서 6개월을 환산하여 납부하여야 하는데 이때 받아놓은 세금 계산서가 세금 계산서상의 세금을 제하고 납부하는 것이다.

• 부가가치세

$$부가가치\ 세액 = 부가가치 \times 세율 = (매출액 - 매입액) \times 세율$$
$$= 매출\ 세액 - 매입\ 세액$$

매출 세액에서 매입 세액을 공제한 세액을 납부 세액이라 하고, 매출 세액보다 매입 세액이 많아 그 차액만큼 세무서에서 반환받아야 한다면 이 세액을 환급 세액이라 한다.

다만, 1년의 재화와 용역의 공급에 대한 대가가 4,800만 원 이하로 간이 과세자로 등록한 개인 사업자의 경우에는 장부 기장 능력 부족과 부가가치 세제에 대한 미숙 등의 이유로 간이 과세 제도를 운영하고 있다.

간이 과세자는 다음과 같이 계산하여 신고한다.

$$\text{부가가치세액} = [\text{총매출액} \times \text{업종별 부가가치율}(35\%) \times 10/100]$$
$$- [\text{매입 세액 합계액} \times 20/100]$$

신고에 대한 부속 서류나 양식을 신고일 전에 관할 세무서에서 발송해 준다.

세무에 관하여 소속 요식업 협회에서도 서비스를 제공하고 있으니 협조 요청을 하면 아주 저렴한 비용만으로 세무 신고를 할 수 있다.

"세무 관리는 영수증 관리부터…"

인테리어

예산 설정 *Interior Estimating*
설 계 *Interior Design*
시 공 *Construction*

WHAT IS CAFÉ?

카페 인테리어를 하기 전에 카페란 공간이 과연 어떤 의미를 갖고 있는지 생각해
보자.
카페는 그곳을 찾는 사람들에게 시각, 청각, 후각, 촉각, 미각의 오감을 만족시켜
줄 수 있어야 한다.
멋진 인테리어와 디스플레이에 의한 시각, 잘 선정된 음악에 의한 청각, 은은한
커피향에 의한 후각, 깨끗하고 좋은 재질의 테이블과 소파, 그리고 찻잔에 의한
촉각, 맛좋은 커피에 의한 미각, 이 모든 것을 만족시켜주는 것이 카페라는 공간
이다.
사람들은 이 다섯 가지 중 하나가 모자라도 만족하지 못한다.
카페는 단순히 커피를 파는 장소가 아니라 공간과 문화와 추억을 함께 제공하는
장소이다.

Interior Estimating

01 예산 설정

장소가 결정되었으면 이제 본격적으로 인테리어 설계 및 공사비를 설정하여야 한다. 그런데 대부분의 사람들은 예산을 어느 정도로 해야 할지 막연해한다. 인테리어 공사비는 상한선도 없고 하한선도 없기 때문이다.

아파트는 평당 얼마, 빌라는 고급이면 얼마, 일반적이면 얼마 하는 식으로 건축 공사비는 대략 설정할 수 있다. 그러나 인테리어는 그러한 범위가 없다. 물론 개략적인 평당 단가는 말할 수 있으나 너무 막연하다.

예를 들어 5평 넓이의 화장실을 인테리어 한다고 하자. 이 화장실의 인테리어 비용은 100만 원에서 몇 억 원까지 광범위하다. 세면기와 변기만 설치하면 100만 원에 공사를 할 것이고, 최고급 바닥재에 수입 세면기를 사용해 호텔 수준으로 한다면 몇 억 원이 들 수도 있다.

홍콩의 어느 호텔 화장실은 세면기, 변기, 벽, 바닥 등 모든 것을 금으로 만들었다고 한다. 누군가 변기를 한번 사용하고 아무도 사용하지 못했다고 한다. 금을 좋아하는 중국인다운 발상이다. 지금은 외국인 및 내국인 관광객들이 와서 입장료 내고 줄서서 변기에 앉아 사진을 찍는다고 한다.

그렇다면 인테리어 예산을 어떻게 잡을 것인가? 개념을 잡고, 스타일을 정하고, 세분화하는 과정을 겪으며 예산을 설정하여야 한다.

개념 잡기

인테리어는 장소 결정과 같이 시작한다. 장소성은 인테리어의 예산 설정 및 방향, 개념 설정의 중요 모터브이기 때문이다.

먼저 결정된 장소의 주변 현황을 분석해야 한다. 주변에 아파트는 몇 세대가 있고, 몇 평대 아파트인지, 주변에 어떤 가게들이 있고, 어떤 카페들이 있는지, 그리고 가격대는 어느 정도인지 분석하고 타깃을 정한다.

20대 초반 학생들, 30대 초반 주부들, 30 · 40대 직장인 등 어느 타깃까지 커버하고 주 타깃은 어느 층이 될지를 판단한다. 물론 10대부터 60대까지 모두 만족하면 좋겠지만, 모두가 안 오는 카페가 될 수도 있다.

타깃을 정하고 가격대 및 수준을 정한다. 동네 분위기에 맞추어 고급이 될지, 대중 카페가 될지, 테이크 아웃점이 될지, 전문커피점이 될지, 주류를 같이 취급하는 커피점이 될지 등을 결정한다.

이러한 방향 설정과 개략적 메뉴의 선택, 가격대 형성 등 초기에 결정해야 할 모든 것을 통칭하여 '개념 잡기'라 한다.

"카페 인테리어는 주변 현황 분석과 개념 잡기로 시작한다."

스타일 설정

주변 환경 분석에 의해 타깃층과 가격대, 수준 등 방향이 결정되면 카페 스타일을 정해야 한다. 스타일 결정은 충분한 사례 조사와 설계자와의 대화에 의해 만들어 갈 수 있다.

■ 모던 스타일(modern style)

가장 일반적인 현재의 스타일을 말한다. 그 시대를 앞서간다는 의미로 포스트모더니즘(post-modernism)과 같은 사조들이 나오기도 하지만 건축이나 예술,

모든 분야의 현재 트렌드를 나타내는 단어는 모더니즘이다.
현재의 시대에 맞는 디자인을 모던 스타일이라 할 수 있다.

■ **클래식 스타일(classic style)**

어느 시대나 과거를 그리워하고 좋아하는 사람은 있기 마련이다. 그런 사람들을 위해 식당이나 카페에 고전적인 디자인을 적용하기도 한다. 이런 스타일은 젊은층 보다는 성인층이나 하이 레벨의 고객을 위한 공간으로 만들어진다.

■ **하이테크 스타일(hightech style)**

20세기 말부터 건축계는 하이테크 건축이라는 흐름을 맞이하게 되었다.

하이테크 건축과 디자인 맥락을 같이 하여 인테리어에서도 하이테크 스타일을 많이 적용하게 되었고, 젊은층에게 감각적인 면에서 어필하고 있다.

■ 패밀리 스타일(family style)

카페는 레스토랑과 달리 패밀리 스타일이 존재하지 않을 수도 있다. 하지만 인테리어 측면에서 볼 때 하나의 개념으로 자리 잡을 수는 있다.

■ 컨트리 스타일(country style)

시골스러운-어쩌면 우리의 시골이라기보다 커피가 외국 문물이듯이 미국의 시골(country)-분위기를 말한다.

■ 퓨전 스타일(fusion style)

동양과 서양이 만나는 퓨전, 그리고 과거와 미래가 만나는 퓨전 스타일의 카페는 아주 좋은 테마 공간이 된다.

컨트리 스타일

퓨전 스타일

■ 라이브 카페 스타일(live café style)

미사리에 가면 흔하게 볼 수 있다. 무대의 위치, 음향 시설 등에 대한 세심한 설계가 필요하다.

■ 뉴 스타일(new style)

과거의 어느 스타일에도 구해 받지 않고, 나름대로의 스타일을 만드는 것이다. 지역의 명소가 될 수 있으며 좋은 공간을 창조할 수 있다. 그러한 개념을 잡기 위해서는 많은 연구와 개발이 필요하다.

■ 테마 카페 스타일(theme café style)

다양한 테마에 의해 카페를 꾸미는 것이다. 그 테마는 본인의 취미나 관심 분야로 하는 것이 좋다. 농구를 좋아하는 사람은 농구 테마 카페, 이소룡 팬이라면 영화 포스터나 쌍절곤 등으로 꾸미는 이소룡 카페를 만들 수 있다.

보드 카페나 애견 카페도 테마 카페에서 출발하여 하나의 영역을 차지할 만큼 대중화되었다.

뉴 스타일

테마 카페 스타일

■ 프랜차이즈 카페 스타일(franchise café style)

스타벅스로 대표되는 프랜차이즈 카페는 가장 흔하게 볼 수 있는 스타일이다. 어느 동네 어느 나라를 가더라도 같은 디자인으로 구성된 프랜차이즈를 볼 수 있다. 체계적인 시스템이라는 장점과 고유성이 없다는 단점을 동시에 지니고 있다.

■ 숍인숍 스타일(shop in shop style)

상점 일부에 카페 코너를 구성하는 방법이다. 전자상가 일부에 카페가 구성되기도 하고, 서점 일부에 카페가 오기도 한다.

쇼핑을 와서 쉬어가기 위해 카페가 필요하다는 상호 연계에 의한 윈윈(win-win) 전략으로 생겨난 것이다.

프랜차이즈 스타일

숍인숍 스타일

■ 보드게임 카페 스타일(board game café style)

테마 카페의 일종으로 온라인 상의 게임에 싫증을 느껴 오프 라인으로 뛰어나온 젊은이들의 수요에 의해 빠르게 확산되고 있다. 대학교 주변에 많이 생성되고 있다.

■ 이동식 카페 스타일(movable café style)

장소를 구하지 못할 소규모의 예산인 경우 이동식 카페를 만들기도 한다.

거의 테이크 아웃(take-out) 카페로 이루어지며, 직장인들을 대상으로 하는 경우가 많다.

■ 노천 카페 스타일(outdoor café style)

프랑스에서 흔히 볼 수 있는 카페이다. 환경의 영향이겠지만 서울에서는 많이 볼 수가 없다. 그러나 서울 외곽으로 나가면 많은 노천(露天) 카페들이 있다.

카페 외부에 테이블을 놓아 주위의 산과 강을 즐길 수 있다. 도심의 노천 카페도 우리를 즐겁게 하지 않을까?

■ 찻집 카페 스타일(teahouse café style)

우리나라의 전통차와 중국차 등을 전문으로 하는 찻집이다. 카페의 한 스타일로 보기에는 분야가 다르지만 동양과 서양의 차(tea)가 다를 뿐 그 본질은 같으므로 하나의 스타일로 분류하였다.

전통차와 더불어 전통찻잔의 판매도 같이 한다.

지금까지 여러 가지 스타일에 대한 사례를 살펴 보았다. 세상에 수없이 많은 사람들이 모두 틀린 모습을 하고 있듯이 카페도 수없이 많은 스타일이 있다. 편의상 동양인과 서양인을 구분하듯이 몇 가지로 구분하였을 뿐이다.

또한 위의 스타일들이 하이테크 라이브 카페, 컨트리 패밀리 카페 등으로 합쳐

질 수도 있다.

그렇다면 이런 스타일 설정 과정이 왜 필요한 것일까? 위에 언급한 많은 스타일의 카페가 있지만 그보다 훨씬 많은 무한대의 스타일이 존재하기 때문이다.

"스타일 설정은 원활한 설계 진행과 의뢰인의 이해를 돕기 위한 과정이다."

세분화

공사 종류	내 용	비 고
기본 인테리어 공사	바닥, 천장, 벽, 붙박이 가구, 싱크대	
전기 공사	전기 배선, 전기 기구	
설비 공사	급배수, 냉난방, 환기 조리 설비	
가구 공사	테이블, 의자	
간판 공사	입간판, 메인 간판	
전자 제품	냉장고, 냉동고, 제빙기, 정수기	
기기/장비	커피 메이커, 주서기, 분쇄기, 믹서	
디스플레이	커튼, 액자, 소품, 화분	
그릇류	커피잔, 그릇, 스푼 등	

위와 같이 또는 더 자세하게 공사를 세분화한다. 그리고 인테리어 공사에 포함시키는 한계가 어디까지이고, 자신이 직접 구입해야 하는 부분이 어디부터인지 결정한다.

위의 모든 것을 포함하여 한 명의 설계자에게 맡기는 경우를 턴키(turnkey) 시스템이라 한다.

일반적으로 전기, 설비 공사까지 인테리어에서 맡고, 나머지는 선택적으로 포함시킬 수 있다. 그렇기에 평당 얼마가 들었는지 물어 볼 경우, 어느 부분까지 포함된 것인지가 중요하다.

어느 곳은 평당 얼마가 들었는데 다른 곳은 평당 금액이 그 2/3 밖에 되지 않을 때 수준이 비슷하다면 한곳은 공사의 종류가 많고 다른 곳은 기본 인테리어만 했을 경우이다. 이제 이러한 과정을 지나 예산을 책정해 보자.

"세분화는 명확한 공사비 산정을 위한 필수적 개념이며 판단 기준이다."

예산 책정

누구는 초기 투자비를 너무 아끼지 말라 하고, 누구는 초기 투자비는 최소가 되어야 한다고 한다. 모두 자신의 경험과 시행착오에서 나온 귀중한 조언이다.

공자의 명언 중 과유불급(過猶不及), 즉 지나치면 아니 미침만 못하다는 말이 있다. 초기 투자비를 너무 절약해도 안되고, 너무 과다하게 투자해도 안된다는 말이다.

너무 최소 비용으로 하면 인테리어는 그에 비례해 초라하게 나올 수 밖에 없다. 그리고 너무 과다하게 투자하게 되면 요즈음 카페 트렌드는 4~5년에 한번 씩 업그레이드 시키고 있는데, 초기 투자비가 아까워 7년이고 10년이고 계속 간다면 유행에 뒤쳐지게 된다.

적정한 인테리어 비용으로 최선의 디자인을 하여 최고의 효과를 보는 것이 가장 바람직하다. 1억 원을 들여 3억 원의 가치로 보일 수도 있고, 1억 원을 들여 5,000만 원의 가치도 보지 못할 경우도 있다.

인테리어는 들인 돈만큼 그 가치를 나타내야 한다. 그 효과를 극대화하는 것은 디자인 능력과 감각이다. 적정한 비용으로 감각있는 인테리어를 하여 모두가 만족하는 카페를 만들어야 한다.

인테리어의 대략적인 평당 공사비를 정리해 보았다. 물론 지역에 따라, 디자인에 따라, 공사 수준에 따라, 가게 규모에 따라, 시공 회사에 따라, 장소의 내부적 상황(전기, 설비 등의 현황)에 따라 차이는 있다. 많은 변수가 있으니 지금 제시된 공사비는 개략적인 것으로만 파악하고, 직접 설계자와 상의해야 한다.

앞에서 본 것처럼 개념 잡기와 스타일 설정에서 다소 차이가 있음을 감안하여 세분화를 해 보았다.

공사 종류	내 용	견적 1	견적 2
기본 인테리어 공사	바닥, 천장, 벽, 붙박이 가구, 싱크대	○	○
전기 공사	바닥, 천장, 벽, 붙박이 가구, 싱크대	○	○
설비 공사	급배수, 냉난방, 환기 조리 설비	○	○
가구 공사	테이블, 의자		○
간판 공사	입간판, 메인 간판		○
전자 제품	냉장고, 냉동고, 제빙기, 정수기		
기기 / 장비	커피메이커, 주서기, 분쇄기, 믹서		
디스플레이	커튼, 액자, 소품, 화분		
그릇류	커피잔, 그릇, 스푼 등		

견적 1은 기본 인테리어 공사와 전기, 설비 공사만 하는 경우이고, 견적 2는 기본 인테리어 공사에 식탁과 소파 등 가구 공사와 간판 공사까지 공사의 범위로 잡았을 경우이다. 커피기기와 디스플레이, 전자 제품은 직접 구입하고, 지역은 서울이라 가정한다.

지방일 경우 지역 업체가 들어오는 경우가 아닌 서울 업체일 경우 비용이 조금 상승하기도 한다. 물가 기준은 현재(2004년)로 가정한다. 회사에 따라 단가가 올라갈 수도, 더 아래로 내려갈 수도 있다. 다음의 표는 일반적인 기준이다.

공사비 개략 산출 비교표

[견적 1 : 기본 인테리어, 전기, 설비 공사]

(만 원 / 평당)

규 모	하	중	상	비 고
2~3평	300	350	450	
약 10평	230	300	400	
약 20평	200	250	350	
약 40평	150	210	300	
60평 이상	130	190	270	
비 고	저예산	보통	고급	

[견적 2 : 기본 인테리어, 전기, 설비, 가구, 간판 공사]

(만 원 / 평당)

규 모	하	중	상	비 고
2~3평	370	420	520	
약 10평	290	370	470	
약 20평	250	310	420	
약 40평	200	270	370	
60평 이상	180	240	350	
비 고	저예산	보통	고급	

일반적으로 20평의 경우 약 4,000만 원 정도의 예산이 필요하고, 40평의 경우는 약 1,800~2,000만 원 정도의 예산이 필요하다.

상·중·하로 분류하여 표를 만들었지만 앞에서 언급한 것처럼 설계자와 의뢰자가 잘 협력하여 좋은 개념 작업과 멋진 디자인을 하고 정성껏 시공을 한다면 단가에 비례함을 극복하여 적은 비용으로 좋은 인테리어를 할 수 있다.

마지막으로 예산 설정의 큰 변수는 의뢰자의 예산 규모이다. 전체 예산에서 인테리어에 투입할 수 있는 한계가 어느 정도인지 다른 요소를 검토한 후 한계선이 설정되면 설계자는 그에 따른 인테리어의 방향을 이야기해 줄 수 있을 것이다.

■ 예산의 변수

1. 개념 및 스타일　　　　2. 공사의 범위
3. 공사의 규모　　　　　4. 공사의 수준
5. 공사의 장소　　　　　6. 장소의 내부적 상황
7. 설계, 시공 회사　　　8. 의뢰자의 예산 규모

"인테리어는 들인 금액만큼 그 가치를 나타내는 것은 당연하다.
그러나 그 효과를 극대화하는 것은 디자인 능력과 감각이다."

Interior Design

02 설 계

예산이 책정되었으면 설계자를 선정하여 설계를 하고 공사를 한다. 계획과 공사 과정에서 의뢰자와 설계자가 신뢰를 가지고 일을 추진해 나가야 한다.

의뢰자는 항상 염려가 많다. 인테리어 비용을 얼마를 들이고 있는데 혹시 공사하는 사람이 싸구려 자재만 사용하는 것은 아닌지, 이 설계자가 자기 설계는 신경 쓰지 않고 다른 일들만 신경 쓰고 있는 것은 아닌지, 또 다른 건축 관계자에게 물어보니 이 설계자가 이야기하는 것과 다른데 과연 믿을 수 있는지, 나중의 전기료나 관리비 생각은 안하고 공사하기 쉽고 디자인만 고려하는 것은 아닌지, 또 견적서를 보고 이 자재비가 시중가보다 비싼 것은 아닌지?

물론 이런 걱정과 관심은 당연하다. 대부분의 의뢰자는 건축이나 인테리어가 처음이고, 자신의 모든 것을 투자하는 일이기 때문이다.

설계자 선정

설계하기에 앞서 갖게 되는 염려와 고민을 줄이는 방법은 신뢰할 수 있는 설계자를 선정하는 것이다. 다행히 친척 중에 능력 있는 설계자가 있다면 믿고 맡길 수 있으니 문제는 간단하다. 그러나 대부분의 사람들에게 그런 행운은 드물다.

대개의 경우 아는 사람을 통해 몇 단계를 거쳐 설계자를 소개받는다. 아니면 잘된 인테리어 사례를 보고 그 설계자를 찾아 만난다.

그러므로 대부분의 경우는 처음 만나 짧은 시간 동안 신뢰를 쌓고 일을 시작한다.

실제 설계자의 입장에서 처음 건축주를 만날 때 가장 중점을 두는 것은 전문가로서의 이미지를 보여 주고 신뢰를 얻는 일이다.

그 이유는 마음대로 설계하기 위해서가 아니라 최선의 설계를 위해서이다. 믿을 수 있는 설계자를 판단하기 위한 몇 가지 객관적인 사항을 살펴보자.

첫 번째는 설계자의 실적을 살펴본다. 그 회사 또는 디자이너의 프로필과 작품집을 통해 디자이너의 감각과 센스를 읽을 수 있다.

두 번째는 자신의 프로젝트에 전념할 수 있는 상황인지를 파악한다. 아무리

설계 브로슈어

실력있는 디자이너라도 한번에 많은 일을 동시에 수행하기는 어렵다.

디자이너가 많고, 많은 프로젝트를 수행할 능력이 있다면 다행이나 작은 규모에서 실력은 있지만 욕심에 여러 개를 동시에 수행한다면 아무래도 모든 것에 집중할 수는 없을 것이다.

세 번째로 면담을 할 때 잘 화합할 수 있을지 판단한다. 어느 설계자는 의뢰자의 의견을 신중하게 고려하여 좋은 것은 반영하여 설계를 한다. 그런데 어느 설계자는 빠른 진행을 위해 일방적인 설계를 하기도 한다. 의뢰자의 의견을 조율하여 설계하는 설계자가 능력 있는 설계자임에 분명하다.

다음은 견적을 받아서 예산과 비교 · 판단하여야 한다.

아무리 실력 있고 잘 맞을 것 같은 디자이너도 설정된 예산 안에서 수행하지 못한다면 문제가 된다.

이 네 가지 판단 기준에 의해 설계자를 선정한다.

또한 건축 공사와 달리 인테리어는 설계와 시공을 같이 계약하는 것이 일반적인 경향이다.

설계하는 모습

그 이유는 건축 공사에 비해 소규모이므로 설계비를 별도로 책정하는 것이 부담스럽고, 설계와 시공을 달리한다면 설계의 개념과 의도를 시공에 정확하게 반영하기 어렵기 때문이다.

물론 큰 호텔이나 사우나의 인테리어는 설계와 시공을 따로 하는 경우도 있으나 카페의 경우는 대부분 같이 진행된다.

인테리어는 미술 작품과는 달리 미적 기준은 물론이고 그 기능을 충족시켜야 함으로 그 뼈대와 혈관이 되는 건축과 설비를 충분히 이해할 수 있어야 한다.

■ 설계자의 선정 기준

1. 설계자의 실적, 능력 　　2. 업무 수행 여건 및 상황(사무실 조건)
3. 설계 협력성 및 호흡　　　4. 견적에 의한 예산 타당성
5. 구조, 설비 등의 건축적 해결 능력

"능력있는 설계자와의 만남, 그것은 모두의 바람이다."

견 적

설계자를 선정하는 첫 단계에서 예산에 의한 견적서를 받게 된다. 이 견적서를 어떻게 판단해야 하는지 알아보자.

오목동 커피전문점 인테리어 공사 견적서

공종	세부공사	단위	수량	자재비(원)	인건비(원)	소계	비고
철거공사	철거 및 폐자재처리	일식	-	600,000	900,000	1,500,000	폐자재처리비 포함
목공사	벽.천정설치 및 잠식벽 설치공사	일식	-	2,500,000	5,500,000	8,000,000	
도장공사	핸디코트.퍼티	㎡	140	3,500(자재비+인건비)		490,000	
	비닐페인트	㎡	70	9,000(자재비+인건비)		630,000	
	락카페인트	㎡	146	11,000(자재비+인건비)		1,606,000	
전기공사	배선 및 조명설치	일식	-	1,500,000	1,000,000	2,500,000	
설비공사	급/배수배관 및 후드배기	일식	-	1,200,000		1,200,000	
	가스관 설치 및 가스 계량기 설치	일식	-	800,000		1,550,000	V.A.T 및 매입정
타일공사	바닥타일(폴리싱)	㎡	77	45,000	17,000	4,774,000	
	인조석 벽돌	㎡	22	48,000(자재비+인건비)		1,056,000	
수장공사	무니목 붙임	㎡	76	20,000	11,000	2,356,000	
가구공사	바카룬터	자	11	100,000(자재비+인건비)		1,100,000	
	주방장	자	13	200,000(자재비+인건비)		2,600,000	
	테이블 및 의자	일식	30개	4,000,000		4,000,000	
유리공사	T10강화유리	자평	120	7,500(자재비+인건비)		900,000	
	T16복층유리	자평	77	5,500(자재비+인건비)		423,500	
DOOR	T10강화유리문	EA	3	400,000(문틀자재비+인건비)		1,200,000	문틀 및 설치비
	목재문	EA	5	300,000(자재비+인건비)		1,500,000	
	셔터	EA	1	800,000(자재비+인건비)		800,000	
기타공사	코킹.보양퉁퉁	일식	-	-	-	900,000	
	장식손잡이.카운터 SIGN BOX	일식	-	900,000		900,000	
소계			-			39,235,500	
공과잡비			공사비*5%			1,961,775	
소계			-			41,197,275	
기업이윤			(공사비+공과잡비)*7%			2,883,809	
합계			단수정리(81,084원)			44,000,000	

＊견적 제외 품목 : 1)부가가치세
2)간판 등의 SIGN를 설치
3)각종 기기류 (주방기기. 냉난방기기. 음향기기 퉁퉁)

견적서는 앞의 세분화에서 살펴본 것처럼 공사를 하는데 얼마이고, 전체 공사 금액이 얼마라는 것을 적은 종이이다. 물론 이 견적은 건축주의 예산에 의해 맞추어진다.

철거 금액, 목조 공사, 전기 설비 공사, 가구 공사, 타일 공사 등 설계사에게 이 견적 작업은 아주 중요한 작업이다.

대부분의 업체는 공사비의 적정선에서 이윤(인건비)을 남긴다. 어느 건축주는 이 부분마저도 인정하지 않고 자신의 공사비는 100% 자재비가 되어야 한다고 생각하기도 한다. 이 역시 바람직하지 않다.

처음에 전제한 것처럼 믿을 수 있는 설계자를 선정하여 신뢰를 바탕으로 같이 진행시켜 나갈 때 가장 좋은 작품이 완성된다.

그렇다고 무조건 설계자를 믿고 따르라는 것은 절대 아니다. 인테리어의 전반적인 과정과 자신이 원하는 디자인을 제시하고, 세부적인 것은 서로가 신뢰하며 진행하는 것이 바람직하다.

"건축주와 설계자의 신뢰는 인테리어 성공의 첫 단추이다."

일 정

설계자와 가장 먼저 논의할 부분 중 하나가 일정에 관한 사항이다.

점포가 언제부터 비게 되고, 철거 공사 가능 시점이 언제이고, 월세를 내는 시점이 있으니 오픈을 언제부터 했으면 하는 계획이 있을 것이다.

설계와 시공 기간이 얼마나 걸릴지 이 역시 예산 산정처럼 정답은 없다. 공사의 규모에 따라, 위치에 따라, 주변 여건에 따라 달라지기 때문이다.

보통의 경우는 장사를 하지 않는 공사 기간

에도 월세는 내야 하므로 가능하면 빨리 설계하고 공사하기를 바란다. 또 월세 부담이 없는 때는 공사 기간을 충분히 잡는 경우도 있다.

그러나 너무 촉박하게 시간을 짜면 설계나 시공 상에 무리가 따를 수 있다. 철거를 하고 나면 예상치 못했던 일들이 발생하곤 한다.

스케줄을 빠듯하게 잡는다면 그 문제를 해결하기 위해 사용된 시간이 다른 곳에 영향을 미쳐 전체적으로 공사 수준 저하로 이어질 수 있다. 반대로 너무 많은 시간이 주어지면 일이 늘어지고 집중되지 않을 수 있다.

대부분의 설계자와 시공자는 한 가지 일을 과다하게 오래 끌고 싶어하지 않는다. 오래한다고 공사비가 올라가지는 않는다. 그러니 무리하게 설계자가 말하는 일정보다 앞당겨 서두를 필요는 없다.

설계 및 공사의 만족도만 높다면 빨리 진행시켜 나쁠 것은 없다. 설계자는 모든 일을 할 때 작품을 만들기를 원한다.

원래 투입하려던 시간보다 조금 더 시간을 투자하더라도, 또 견적의 금액보다 더 많은 금액이 들더라도 만족되어지고 인정받는다면 설계자는 기꺼이 그렇게 한다.

공정 역시 예산 설정하기처럼 현장 여건, 공사의 규모, 수준 등 많은 변수에 의해 차이가 나지만, 일반적인 설계와 공사 기간에 대하여 알아보자.

■ 오목교 커피숍 공정표

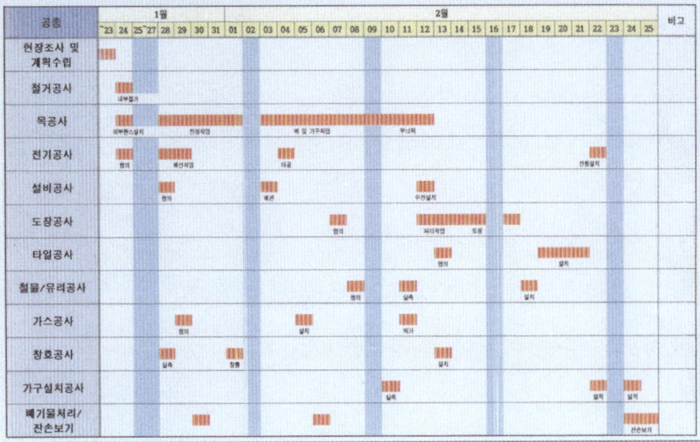

공종	1월 / 2월 주요 공정
현장조사 및 계획수립	1월 23일경
철거공사	내부철거
목공사	외부판스설치 · 천정작업 · 벽 및 가구작업 · 무늬목
전기공사	협의 · 배선작업 · 타공 · 전등설치
설비공사	협의 · 배관 · 수전설치
도장공사	협의 · 퍼티작업 · 도장
타일공사	협의 · 설치
철물/유리공사	협의 · 실측 · 설치
가스공사	협의 · 설치 · 철거
창호공사	실측 · 창틀 · 설치
가구설치공사	실측 · 설치 · 설치
폐기물처리/잔손보기	잔손보기

설계자가 선정되고 공사 완공까지의 기간을 정리하여 보았다. 물론 설계자와 의뢰자가 공감하여 설계가 원활하게 진행되는 경우와 여러 번의 협의와 진통 끝에 디자인이 나오는 경우의 차이가 있고, 공사 기간도 현장 여건에 따라 많은 차이가 있다.

일반적으로 30~40평 기준으로 설계 기간은 일주일에서 열흘 정도이고, 순공사 기간은 한 달 내외로 볼 수 있다.

점포를 정하고 설계자를 선정하고, 한 달에서 두 달 정도 후에 오픈이 가능하다고 볼 수 있다. 물론 이 기간에는 인테리어 후의 오픈 준비 기간이 포함된다.

**"너무 빠르지도 느리지도 않은 최적 공사 기간은
최적의 인테리어를 위한 전제 조건이다."**

설 계

인테리어 설계의 주요 요점에 대하여 알아보자. 인테리어 디자이너는 공간을 설계함에 있어 다음의 개념들을 염두에 두고 디자인을 해나간다.

■ 밸런스(balance)

인생뿐 아니라 인테리어에서도 밸런스는 중요한 요소가 된다. 밸런스가 깨진다면 어딘가 어색한 공간이 형성된다. 밸런스는 다음의 세 가지로 구분된다.

- 시메트릭(symetric) : 주로 좌우대칭의 안정되고 단정한 분위기를 연출하는 경우의 디자인에 사용된다.
- 에시메트릭(asymetric) : 좌우대칭이 아니나 균형을 잡고 있는 형태를 말한다. 한국 전통의 자연미는 이 애시메트릭을 잘 반영한다. 언밸런스와는 구분된다.

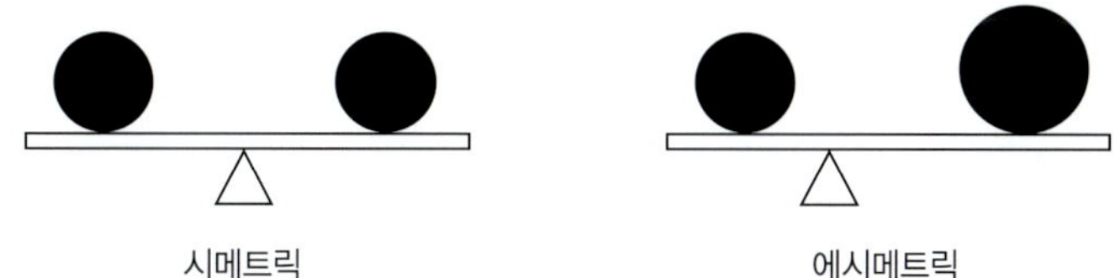

시메트릭   에시메트릭

- 방사선상 : 태양의 코로나나 국화꽃잎처럼 방사선 방향으로 균형을 잡아가는 디자인이다.

■ 프로포션(propotion)

한 부분이 다른 부분 또는 전체와 어떻게 관련되는가하는 비례에 대한 요소이다. 길이, 면적, 무게에 대한 비례 등을 고려하여야 한다.

■ 스케일(scale)

건축가들이 가장 많이 쓰는 단어이자 도구이다.

보통 스케일은 길이, 크기, 면적, 공간에 대한 척도의 기준으로 본다. 역사적으로 이 스케일의 기준은 인간이다(휴먼 스케일).

프로포션

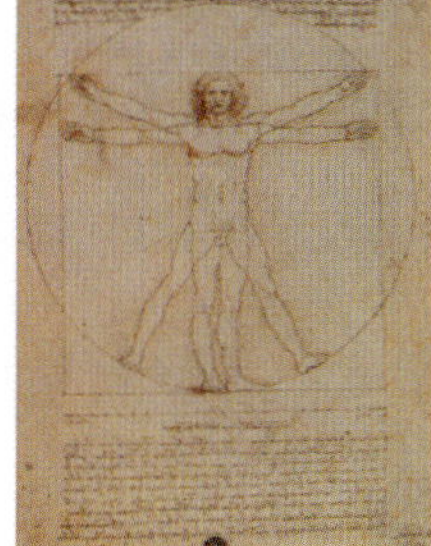

스케일

■ 리듬(rhythm)

리듬이란 진행과 주기적인 반복에 의한 효과를 말한다.

인테리어에서는 어떤 요소의 되풀이에 의해 어떤 계획된 효과를 나타내도록 한다. 그 요소는 형태나 색이나 재료가 될 수 있다.

리듬에는 같은 요소의 반복에 의한 리듬과 다른 요소의 반복에 의한 리듬, 그리고 규칙적으로 변화하는 요소에 의한 리듬이 있다.

■ 스케치에 의한 설계안

색연필이나 마커에 의해 컬러까지 보여 주는 경우가 많다.

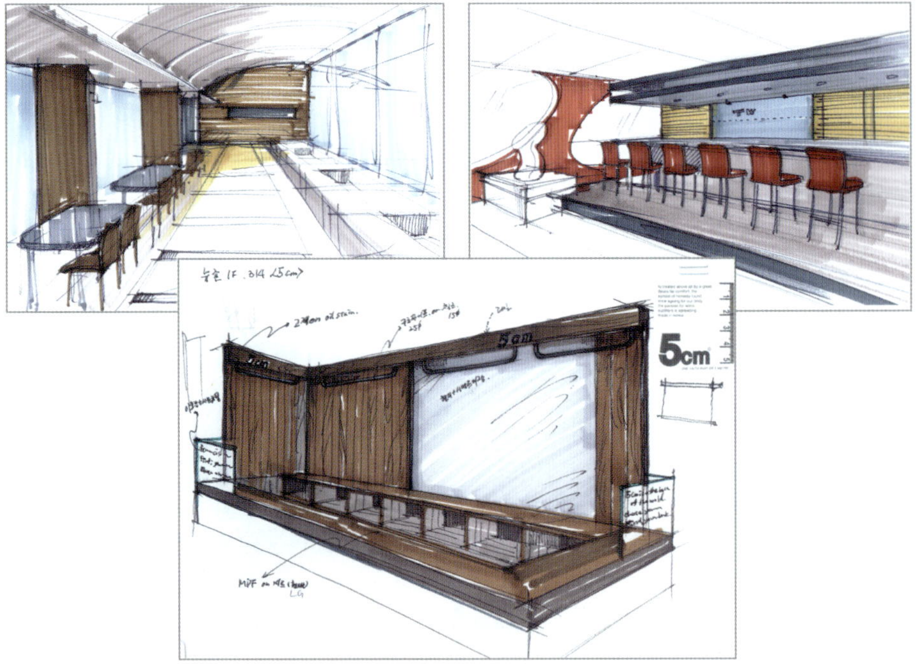

■ 도면에 의한 설계안

계획안이 완성되고 공사가 들어갈 무렵 도면을 가지고 표현을 한다. 이 단계에 들어서면 평면 레이아웃에서 재료에 이르기까지 꼼꼼히 살펴보고 결정해야 한다.

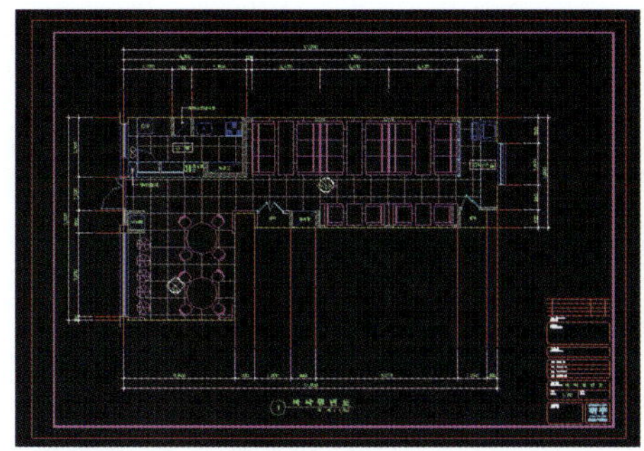

평면도

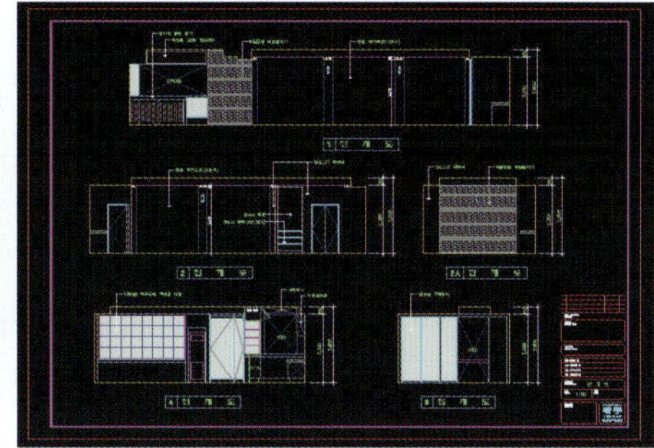

입면도

■ 3차원 시뮬레이션에 의한 설계안

모든 계획에서 3차원 C.G(Computer Graphic)가 이루어지지는 않는다. 그러나 2차원 도면에 익숙하지 않은 비전문가가 도면으로는 이해하기 쉽지 않기 때문에 3차원 C.G를 하는 경우가 간혹 있다.

공간과 재료, 컬러까지도 한눈에 파악이 되지만 시간과 비용이 투입된다.

■ 설계시 고려사항

· 동선 계획

설계자가 모든 것을 고려하여 계획하겠지만 완공된 후 직접 사용해야 하는 주인의 입장에서 고려해야 할 몇 가지를 알아보자.

가장 중요한 것은 주방과 서빙의 공간 체계와 서비스 동선과 고객 동선 체계이다.

일반 가정에서도 주부가 주방에서 움직이는 동선 거리는 몇 킬로미터가 된다고 한다. 그런데 하루 종일 일하고 움직여야 하는 카페라면 이 공간과 동선은 매우 중요하다.

잘못된 설계와 시공으로 주방에서의 움직임이 불편하거나 서빙 동선이 길어지고 불편하면 안되므로, 동선 계획은 시공이 아닌 설계 단계에서 직접 점검한다.

먼저 어떤 메뉴를 할 것이고, 어떤 기기를 설치할 것인지 그 용량과 크기를 결정한다. 그 결정에 따라 주방의 배치와 붙박이 가구가 설계되어지고 평면 계획을 할 수 있다.

주방의 작업 흐름

· 테이블 좌석수

같은 면적의 공간이라도 카페의 장소나 스타일에 따라 좌석수는 많이 차이가 날 수 있다. 한적한 시골의 카페라면 조금 여유 있고 넓게 배치할 수 있고, 서울의 요충지로 사람이 붐비는 카페라면 보다 많은 테이블과 좌석을 설치하여야 한다.

이 좌석수는 설계 개념에 따라 가장 합당하게 결정하여야 한다.

· 카페 내부의 화장실 설치 계획

2~3평의 작은 카페라면 모를까, 60평이 넘는 큰 카페라면 당연히 설치해야 한다. 그러나 20평 안팎의 규모는 설치 여부를 선택하여야 한다.

설치 여부 결정시 사용 가능한 화장실의 유무 및 사용 가능한 화장실의 조건(거리와 청결도 등의 상태, 사용 가능 여부, 규모), 화장실 배관 설치 가능 여부를 고려해야 한다.

• 주차 해결 방안

어느 정도 규모가 된다면, 그리고 위치상 차량이 필요하다면 주차장을 고려해야 한다. 자체 주차장을 설치하면 좋으나, 현실적으로 주차장을 갖춘다는 것은 힘들다.

물론 서울 근교에서 필수적으로 주차장을 갖추는 경우라면 몰라도 서울 시내에서는 쉽지 않다. 그렇다면 어떻게 해야 할지 여러 경우를 생각해야 한다.

• 수납 공간

일반 아파트 설계를 할 때도 수납 공간이 많으면 사용자는 무척 좋아한다. 카페 설계에서도 요소요소에 수납 공간이 있으면 여러모로 편리하다. 그렇다고 수납 공간을 위해 객장 면적을 줄이면서까지 공간을 많이 소요하는 것은 바람직하지 않다.

여러 가지 아이디어로 공간의 낭비 없이 필요한 부분에 다양한 수납 공간을 만들도록 한다.

• 환기 및 냉난방

뒤의 설비 계획에서 좀더 자세하게 다루겠지만 환기와 냉난방 문제는 초기 설계 단계부터 염두에 두고 고려해야 할 사항이다.

자연 환기가 많이 필요한 경우라면 기본 설계가 끝나고 설비적인 시스템만으로 해결이 안될 수 있으니 평면 및 창호 계획에서부터 어떻게 할 것인지 고려되어야 한다.

> **"설계는 미적 디자인뿐 아니라 동선, 설비 등
> 모든 것이 고려되는 종합 디자인이다."**

사인, 로고 계획

카페 설계에서 중요한 요소 가운데 하나가 간판이나 메뉴판 등의 디자인이다. 이런 요소로 가게의 수준이 평가되기도 한다. 이 간판 계획을 설계와 다른 장으로 다룬 것은 인테리어와 따로 계획이 이루어지기 때문이다. 이 간판 계획이 실행되기 전에 선행되어야 할 일은 당연히 상호 결정이다.

인테리어 설계 전에 상호가 스타일 결정과 함께 되면 좋으나 설계와 시공이 진행되는 동안에도 상호 결정이 안되는 경우가 허다하다. 체인점이라면 모르나 그렇지 않은 경우에는 가장 고심하는 부분이다. 부르기 쉽고 외우기 쉽고 고상하고 뭔가 있어 보이는 이름, 그러면서 아직 누군가 사용하지 않은 이름, 막상 정하려면 쉽지 않다.

그러나 이제 간판, 메뉴판 디자인과 공사를 하려면 상호를 정해야 한다. 상호에 의해 하나의 컨셉을 가지고 모든 것이 디자인되기 때문이다. 간판 및 메뉴판, 때로는 냅킨, 컵, 쟁반, 접시 등에 디자인 로고가 들어간다.

이런 디자인은 인테리어 디자이너에 의해 디자인되기도 하고, 따로 디자인하는 업체에 의해 만들어지기도 한다. 인테리어 디자인과 로고, 간판 등의 설계자는 서로 진행을 공유하며 하나의 컨셉에 맞추어 조정해야 한다.

좀더 자세하게 간판, 사인 계획에 대하여 알아보자. 간판을 비롯해 화장실 위치 사인, 메뉴 보드 등은 카페 전체의 이미지를 좌우한다. 이 모든 것을 일반적으로 할 수도 있고, 요소요소에 정성과 아이디어, 디자인이 들어갈 수도 있다.

기억에 남는 화장실 사인보드가 있다. 그저 빨강과 파란색으로 만든 남자와 여자가 어디나 똑같이 서 있는 사인보드로 할 수 있다. 어느 곳은 화투의 똥광을 사인보

드로 붙여 놓은 곳도 있다. 또 어느 곳은
다음 그림과 같은 사인보드를 붙여 놓아
두고두고 기억되어진다.

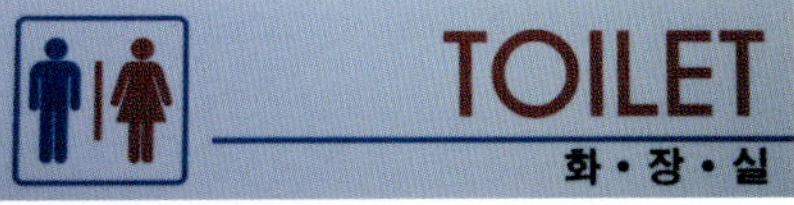

일반 화장실 사인보드

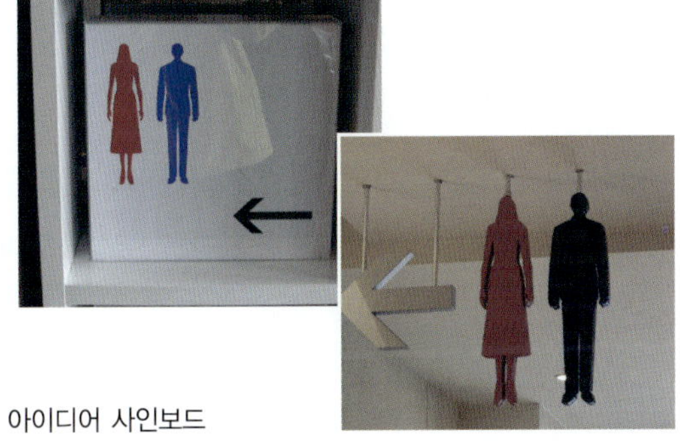

아이디어 사인보드

사인, 로고 계획은 기업이나 단체에 있어 중요한 요소이다.

평면상의 이미지를 떠나 자신의 카페를 알리고 인지하고 기억되게 할 수 있는
모든 것이 사인 계획이다. 던킨 도넛같은 경우 그 이름을 읽지 않더라도 글씨모양
만으로 인지하고 기억할 수 있다.

"내 · 외부의 간판 사인 계획은 성공을 위한 필요 충분 조건이다."

컬러 계획

설계를 하고 공사를 하다보면 가장 어려운 부분이 컬러 선정이다. 정답이 있는
것도 아니고, 각자의 취향에 따라 작은 차이에도 큰 느낌이 나는 것이 컬러이다.

컬러의 종류는 수백, 수천 가지를 넘어 배합하기에 따라 한없이 많은 종류가 있다. 그 위에 재료의 질감에 따른 색감의 차이까지 고려한다면 그야말로 무한대의 색을 가지고 있다.

물론 설계 단계에서 기본 개념을 설정하고 컬러의 방향도 정한다.

때로는 3D 또는 포토샵으로 컬러를 미리 보기도 한다. 하지만 실제의 공간과는 차이가 있다.

컬러를 정할 때 컬러 샘플집을 보고 건축주와 설계자가 같이 정한다. 하지만 작은 샘플과 넓은 벽면에서 칠해졌을 때의 느낌은 다르다.

그럼 어떻게 컬러 선정을 해야 만족할 수 있을까? 먼저 기본적인 색에 대한 개념을 알아야 한다.

인테리어 구성의 주역이라 할 수 있는 색에 대하여 알아보자.

컬러 샘플

■ 색의 3속성

- 색상 : 색의 배합 차이로, 크게 유채색과 무채색이 있다.
- 명도 : 색이 지니는 밝기의 정도이다.
- 채도 : 색이 맑은가 탁한가 하는 선명도이다.

■ 난색(暖色)과 한색(寒色)

빨강, 오렌지, 노랑처럼 따뜻하게 느껴지는 색을 난색이라 하고, 파랑, 진초록, 보라 같이 차갑게 느껴지는 색을 한색이라 한다.

- 진출색 / 후퇴색 : 난색계는 앞으로 튀어나오게 보이고, 한색계는 뒤로 물러나 보인다.
- 팽창색 / 수축색 : 밝은 난색은 실제보다 커 보이고, 어두운 한색은 작게 느껴진다.
- 흥분색 / 침정색 : 난색은 기분을 고조시키고, 한색은 침정 효과가 있다.

■ 색의 조화

- 동일 색상의 조화 : 같은 계통의 색 배합에 의한 조화로, 무난하고 안정된 인테리어를 구성할 수 있다.

- 유사 색상의 조화 : 인접 색상의 조화로 생기있는 분위기 연출이 가능하다.

- 보색 색상의 조화 : 색상환에서 180° 반대 색과의 조화로, 선명하고 자극적이기 때문에 악센트로 사용한다.

- 무채색+1개의 유채색 : 무채색 기조의 분위기에 1개의 악센트 컬러를 사용하면 강한 인상을 줄 수 있다.

다음의 예를 들어보자.

맥도날드나 버거킹 같은 패스트푸드 점들은 왜 약속이나 한 듯이 빨강, 노란색 등의 강렬한 색으로 인테리어를 할까? 사람들이 찾기 쉽게 눈에 잘 띄는 색이기 때문일까? 물론 그 이유도 있겠지만 말 그대로 패스트푸드점이기 때문이다.

많은 사람이 와서 빨리 먹고 빨리 가서 회전이 빨리 되어야 한다. 빨강, 노란색 같은 진한 단색은 사람들에게 안정감을 주지 않기 때문에 편안하게 앉아서 먹지 않고 얼른 먹고 또 바로 일어나게 된다.

식탁보로 가장 좋은 색은 주황색이다. 이 색은 식욕을 돋우고 음식을 맛있어 보이게 한다. 녹색은 사람들의 눈에 가장 부담이 없다. 나무색이나 흙색 등은 마음을 편안하게 해 준다.

조명을 약간 어둡게 하면 옛 사람들이 거주하던 토담집이나 동굴 같은 기분이 들어 느긋하게 오래 앉아있게 된다. 검은색과 흰색의 조화는 체스판 같은 색이다. 이는 재즈와 같은 모던한 느낌을 준다.

이런 기본적인 색에 대한 개념을 알고 있다면 자신이 추구하는 카페의 스타일과 시스템에 맞는 컬러도 조금은 압축하여 정할 수 있을 것이다.

두 번째 고려할 부분은 컬러 샘플로 조그맣게 볼 때보다 넓게 시공(도장 또는 재료)되면 샘플보다 흐려 보인다는 것이다. 그러므로 한 두단계 진한 색을 고를 필요가 있다. 잡지나 실사례를 살펴보고, 그 색이 실제 시공된 후 어떤 느낌이 드는지 살펴보아야 한다.

세 번째는 색만을 생각하는 것이 아니라 재료와의 관계를 감안하여 고려하여야 한다. 모든 색은 재료와의 합산으로 내는 색이 진정한 색이다.

마지막으로 전문가인 디자이너의 감각을 믿고 수용하거나 조정하는 것이다. 대부분이 디자이너가 제시한 색으로 의견을 나누어 결정되고 진행된다.

컬러 바꾸기는 가장 쉽게 카페의 분위기를 바꿀 수 있는 방법이다. 벽체나 천장, 식탁, 커튼이나 소품의 컬러를 바꾸어 준다. 이 방법으로 변화하는 카페의 모습을 만들 수 있다.

겨울에는 겨울 느낌의 컬러를 사용하고, 여름에는 여름 느낌의 컬러를 사용한다. 아니면 그 반대로 사용하는 것도 좋다.

"다양한 색의 활용은 예쁜 카페를 위한 화장 기술이다."

빛, 조명 계획

영화를 만들 때 전문가들이 가장 중요하게 생각하는 부분은 조명이다. 같은 시나리오, 같은 배우의 영화라도 조명과 촬영을 어떻게 하느냐에 따라 최종 결과물은 엄청난 차이가 난다.

인테리어도 마찬가지이다. 같은 디자인에 같은 재료를 사용하여도 조명에 의해 결과는 많은 차이를 보인다. 빛과 조명 계획에 대하여 생각해 보자.

■ 빛의 성질과 효과

• 빛의 성질 : 빛은 직진뿐 아니라 반사, 굴절, 확산, 투과, 편광 등의 성질을 갖는다. 이런 성질을 이용하여 인테리어 효과를 높인다.

• 빛과 색 : 램프의 광색(光色)에 따라 피사체의 색이 변하게 되는 것을 빛의 연색성이라 한다. 이 성질을 이용하여 계절마다 빛의 색을 바꾸기도 한다.

■ 조명 계획의 고려사항

• 밝기 : 위치별로 계획된 분위기에 맞추어 밝기의 정도를 계획한다. 단계별 밝기 조정이 가능하도록 계획할 수 있다.

• 조명 기구 : 백열등, 형광등, 할로겐 램프 등 각 조명 기구의 특징을 살려 위치에 따른 조명 기구를 선택한다.

• 조명 방법 : 계획된 분위기에 맞추어 조명 방법을 계획한다.
　– 전체 조명 : 전체를 균일하게 조명한다.
　– 부분 조명 : 특정 부위를 밝게 조명한다.

   – 전체＋부분 조명 : 전체적으로 어느 정도 밝기를 유지하며, 특정 부위를 강
조하여 조명한다.

   – 무드 조명 : 은은한 분위기를 강조하는 조명이다.

■ 조명 기구의 배광과 특징

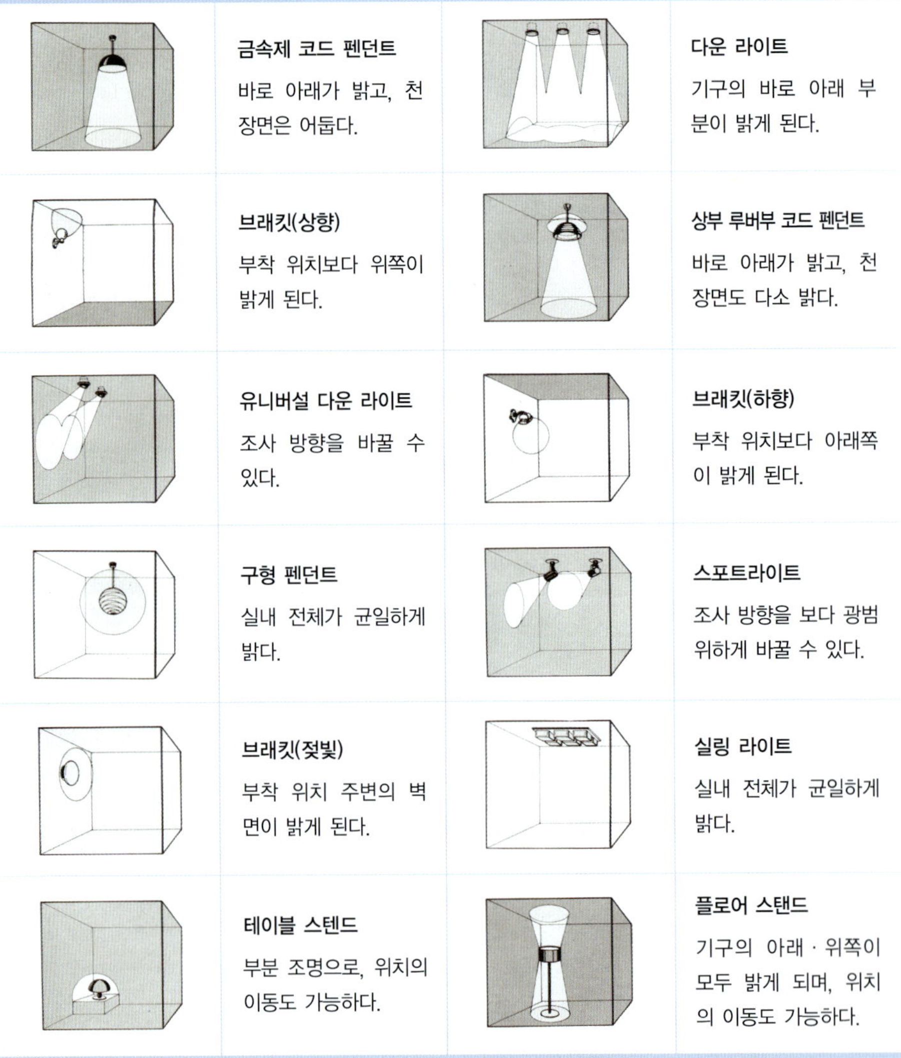

금속제 코드 펜던트 바로 아래가 밝고, 천장면은 어둡다.		**다운 라이트** 기구의 바로 아래 부분이 밝게 된다.	
브래킷(상향) 부착 위치보다 위쪽이 밝게 된다.		**상부 루버부 코드 펜던트** 바로 아래가 밝고, 천장면도 다소 밝다.	
유니버설 다운 라이트 조사 방향을 바꿀 수 있다.		**브래킷(하향)** 부착 위치보다 아래쪽이 밝게 된다.	
구형 펜던트 실내 전체가 균일하게 밝다.		**스포트라이트** 조사 방향을 보다 광범위하게 바꿀 수 있다.	
브래킷(젖빛) 부착 위치 주변의 벽면이 밝게 된다.		**실링 라이트** 실내 전체가 균일하게 밝다.	
테이블 스텐드 부분 조명으로, 위치의 이동도 가능하다.		**플로어 스탠드** 기구의 아래 · 위쪽이 모두 밝게 되며, 위치의 이동도 가능하다.	

카페 인테리어를 하는 경우에도 빛에 의한 분위기 연출은 자연광에 의한 채광과 조명 기구에 의한 채광 개념을 사용한다.

이 두 가지를 어떻게 조화롭게 잘 사용하느냐가 중요하다. 물론 경우에 따라 자연광의 사용 없이 조명 기구만으로 모든 채광을 하는 경우도 있다.

먼저 자연광을 사용하는 경우 장소성(카페의 위치, 조망, 향 등)을 충분히 고려하여 창의 크기와 형태를 계획하여야 한다.

조명 기구에 의한 계획은 특징과 방법을 고려하여 인테리어의 분위기를 상승시킬 수 있도록 계획하여야 한다.

"카페는 컬러와 조명에 의해 아름다워진다."

Construction

03 시 공

기본 인테리어 공사

세분화에서 보았듯이 철거 공사에서 바닥, 벽, 천장 공사와 기본 붙박이 가구 공사 등을 기본 인테리어 공사라 한다. 인테리어 공사의 과정에 대하여 살펴보자.

■ 철거 공사

새 건물이 아니라면 기존의 상가를 먼저 철거해야 한다. 처음 현장 조사를 하여 예산 및 공사 계획을 작성하지만 막상 철거해 보면 사전에 예측하지 못한 상황이 종종 발생하곤 한다.

이런 경우 그 상황에 맞추어 공사를 하지만 불가피한 경우 의뢰자와 시공자의 협의에 따라 설계 변경이 이루어지기도 한다.

■ 목공사

목공사는 벽, 천장 설치 및 장식벽, 붙박이 가구 공사 등을 가리킨다. 인테리어의 질은 목공사를 하는 목수의 손에 의해 정해진다.

목공사

■ 도장 공사

벽 및 천장에 도장을 하는 작업이다. 도장 작업은 도장의 종류에 따라 일반적인 페인트 작업을 비롯해 핸디코트나 회벽칠, 황토회칠 등 다양하며, 페인트도 그 종류가 다양하다.

카페의 분위기와 조명에 따라 재료 및 명암, 색감이 결정된다.

도장 공사

■ 타일 공사 · 돌 공사

바닥 및 벽체에 타일 또는 석재를 시공하는 공사이다. 대리석에서 인조타일까지 가격과 종류가 무척 다양하다. 그러나 반드시 비싼 자재라고 좋은 결과가 나오는 것은 아니다.

각 자재별 특징을 잘 파악하여 가장 어울리고 합당한 자재를 사용하는 것이 중요하다.

타일 공사

■ 철물 유리 공사

출입문 및 창문 등을 시공하는 작업이다. 유리도 투명유리, 반투명유리, 불투명유리, 플릿글라스 등 기능과 필요에 따라 종류가 다양하다.

철물 유리 공사

■ 주방 공사

싱크대, 수납장, 가스레인지 등 주방 기구들을 만드는 공사이다. 기능과 안전을 고려한 정밀한 작업이 필요하다.

■ 기타 공사

장식손잡이나 카운터의 사인박스 등 공사를 완성하기 위한 여러 가지 잔 작업들을 말한다.

주방 공사

"인테리어 디자인의 극대화는 성공적인 공사를 통해 완성되어진다."

설비 공사

전기 및 기계 설비 공사는 앞에서 여러 번 언급했듯이 무척 중요하다. 필자는 종종 건축물이나 인테리어를 여자에 비유하곤 한다.

미장을 하고 테라죠(인조석)도 깐다. 얼굴의 이목구비 형태이다. 또, 옷을 입듯이 타일을 붙이고 외장재를 입는다.

여자의 화장과도 같은 도장 작업을 하고 마지막으로 귀걸이, 목걸이 등 액세서리를 하듯이 기타 공사-손잡이, 계단 핸드레일 등-를 하면 아름다운 여자와 같은 건물이 되는 것이다.

그런 측면에서 살펴보면 설비는 내장 기관과 신경 기관에 해당한다. 소장, 대장이 있듯이 배수관이 있고, 신경계가 있듯이 전기 배선이 퍼져 있다.

화장이 조금 잘 안되었고, 코가 조금 낮더라도 세상을 사는데 크게 불편하지는 않다. 그러나 신장이 안 좋거나 장이 안 좋은 사람은 내내 불편하다.

이와 마찬가지로 설비 공사가 제대로 되지 않으면 개장을 하고 운영을 하는 내내 불편하다. 그러므로 처음 공사 단계부터 확실하게 해야 한다.

■ 전기 설비 공사

전기 공사는 목공사와 같이 이루어지며 배선 작업 및 조명 기구 설치를 하게 된다. 전등, 전열, 통신, 음향 등을 고려하여 시공되어야 한다.

■ 기계 설비 공사

설비 공사는 급배수 배관 공사 및 싱크대의 수전 설치와 후드배기 설치, 가스관 및 가스계량기 설치 등을 하게 된다. 설비 공사는 나중의 결점에 의한 불만과 직접적인 관계가 있는 만큼 정밀한 시공이 필요하다.

"건강한 인테리어를 원한다면 설비 공사를 철저하게 해야 한다."

가구 공사

가구는 직접 제작하는 경우와 기성품을 구입하여 설치하는 경우가 있다. 물론 일부는 제작하고 일부는 구입하기도 한다.

예를 들어 테이블은 직접 제작하고, 소파는 기성품을 사용하기도 한다. 중요한 것은 가구가 전체 인테리어에서 차지하는 비중이 상당히 높다는 것이다.

그렇기에 설계자와 의뢰자 모두의 의견을 최대한 반영하여 모두가 만족할 만한 가구를 설치하여야 한다. 그래야 불특정 다수가 될 고객 역시 만족하게 된다.

"감각 있는 가구의 선택과 디자인은 카페 인테리어의 최대 성공 포인트이다."

간판 공사

　외부에 설치되는 메인 간판 및 입간판, 그리고 내부의 메뉴판 같은 사인 공사를 말한다.

　이 간판 및 사인 공사는 단순히 정보를 주는 기능을 떠나서 상당히 큰 디자인적인 인테리어 요소가 된다

　이는 디자인 단계에서부터 좋은 디자인이 나와야 하겠지만, 조명이나 자재와 연관되어 최종 설치되는 시공 단계에서 완성되는 작업이다.

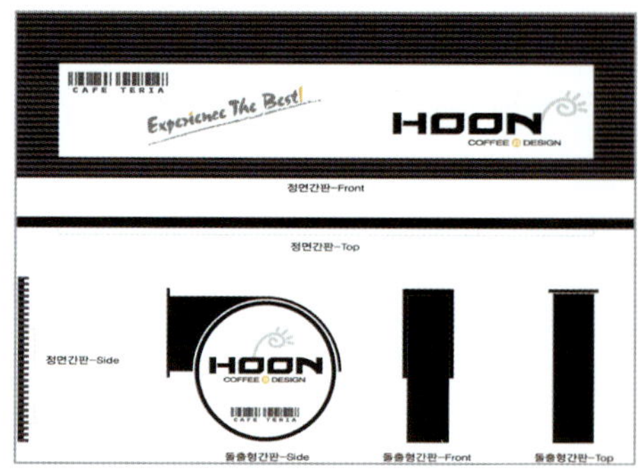
간판 디자인

"간판은 매출과 직결되는 카페 인테리어의 중요 요소이다."

디스플레이

인테리어 공사를 완성하는 마지막 단계는 디스플레이라 할 수 있다. 액자나 화분, 커튼, 재떨이, 장식물(문 손잡이 등)을 어떻게 선정하고 배치하느냐는 인테리어 공사를 완성하는 가장 중요한 작업이다.

전체의 분위기를 디스플레이로 좌우할 수도 있다.

■ 디스플레이의 방법

• 어디에 장식할 것인가?

'설계'의 밸런스에서 살펴본 것처럼 인테리어를 한 후 밸런스가 맞지 않는 부분은 디스플레이에 의해 맞추어 나갈 수 있다.

• 무엇을 장식할 것인가?

카페의 개념과 스타일에 따라 액세서리의 종류가 선택된다.

분위기를 확실하게 해주는 것은 장식물에 의한 디스플레이에 의해서이다.

그 스타일과 분위기에 맞는 소품을 선택하여 장식한다. 화분같은 식재에 의한 디스플레이는 다양한 스타일에 무난하게 어울린다.

• 어떻게 할 것인가?
  - 조화 : 기본 바닥, 벽의 재질, 색상 등과의 조화를 고려하여 장식한다.
  - 강조 : 이질적인 요소를 악센트로 장식하여 공간 효과를 살린다.
  - 자유 : 마음내키는 대로 장식한다. 부조화 속의 조화를 이룰 수 있으나 자칫 산만해 질 수도 있다.

"디스플레이는 인테리어의 분위기와 수준을 결정하는 중요한 최종 작업이다."

자 재

인테리어는 바닥, 천장, 벽 등의 기본 요소에서 가구, 소품까지 많은 소재에 의해 구성된다.

인테리어의 수준과 느낌은 결국 자재의 색감, 질감의 조화에서 온다. 수없이 많은 자재가 있지만 다음 몇 가지에 대하여 알아보자.

■ 바닥재

공간을 구성하는 요소 중 바닥면은 인간과 접촉하는 중요한 부분이다. 바닥재의 고려사항은 다음과 같다.

- 내구성 : 처음 성질이 유지되는 경도나 시간의 길이이다. 충격이나 마찰, 수축, 해충, 산성, 알칼리성, 기름 등에 대한 내성을 말한다.
- 쾌적성 : 환경이나 주변에 미치는 영향이 좋음을 말한다. 소음에 대한 반응, 감촉, 탄력성, 재질감 등에 의한 느낌이다.
- 외관 : 가장 중요한 요소로 미적인 효과를 말한다.
- 유지 관리 : 청소나 관리의 용이성과 보수의 난이성 등의 외관 유지의 정도이다.
- 시공성 : 장소에 따른 시공시 문제가 없어야 한다.
- 경제성 : 예산에 따른 비용을 고려한다.

■ 벽 재

벽은 사람들의 시선이 가장 많이 머무는 카페 전체의 기본이 되는 면이다.

바닥재와 마찬가지로 벽재도 미적 요소에 기능성을 고려해야 한다.

- 내성 : 주방이라면 물이나 기름을 많이 사용하므로 이에 대한 내성이 있는 자재를 사용해야 한다.
- 단열, 방음 : 위치에 따라 필요시 고려해야 한다.
- 색상 : 전체적인 조화를 고려하여 결정한다.
- 질감 : 색감과 자재에 대한 특징을 고려하여 선택한다.

■ 천장재

간혹 천장을 간과하고 지나가는 경우가 있으나, 천장은 바닥 면적 만큼의 크기를 가진 공간 구성에 빼놓을 수 없는 중요한 요소이다.

- 내구성 : 조명 기구 등 천장에 설치될 요소와 연관해서 필요한 만큼의 내구적 강도를 유지해야 한다.
- 외관, 색상 : 전체 분위기에 맞는 컬러와 형태를 갖추어야 한다.
- 시공성 : 장소에 따른 시공 과정을 고려해야 한다.

"자재, 아는 만큼 최소 비용으로 최대의 효과를 낼 수 있다."

커피 다루기

Coffee House Management

하워드 슐츠(Haward Schultz) 회장이 만든 S커피점은 5센트면 마시던 커피를 갓 볶아낸 높은 품질의 커피를 제공하고, 2달러 이상의 고가를 받아 성공하였다. 커피점이 성공하는데 필수적인 조건, 그리고 오래도록 사랑받을 수 있는 기본은 '커피 맛'이다.

TV를 보면 수없이 많은 가수들이 등장하고 또 무대 뒤로 사라져 간다. 신세대의 기호에 맞아 스타가 되고 인기를 끈다. 외모와 춤실력이 뛰어난 가수도 있고, 노래를 잘하는 가수도 있다. 물론 이 모든 것이 뛰어난 만능 가수도 있다.

그러나 오랜 시간이 지나도 계속해서 TV에서 얼굴을 볼 수 있고 계속해서 사랑받는 가수의 공통점은 결국 노래를 잘하는 가수라는 점이다.

커피점도 어떤 일시적인 이벤트나 멋진 트렌드의 인테리어로 사랑받을 수 있다. 이 모든 것이 중요하지만 꾸준하게 사랑을 받으려면 기본적으로 맛있는 커피를 제공하여야 한다.

"맛있는 커피의 제공은 성공하는 커피점의 기본 조건이다."

Machine Handling

01 기기 구입

카페에서 필요한 기기는 아주 다양하다. 대부분의 기기들은 아주 생소하기 때문에 어떠한 기기가 어떤 성능을 지니고 있으며, 어떤 기준으로 구입을 하는지, 그리고 구입한 기기는 어떻게 사용하는지 낯설다.

운전을 못하는 사람이 운전기사가 될 수 없듯이 커피 머신을 다룰 수 없다면 카페를 시작할 수 없다. 다행히 카페에서 사용하는 기계는 어느 누구나 쉽게 다룰 수 있다.

만일 기기들을 어디에 사용하는지 모른다면, 필요 없는 기기를 구입해서 낭비를 할 수도 있고, 필요한 기기를 구입하지 못하고 영업을 시작할 수도 있다.

그렇게 되면 인테리어가 끝난 후이기 때문에 큰 기기를 새로 구입하려면 기기 배치에 어려움을 겪을 수밖에 없다.

그러므로 미리 기기들에 대하

카페 카운터, 주방

여 알아보고, 필요한 기기를 정해야 한다.

카페에 관련된 기기에는 어떤 것들이 있고, 어디에 사용하며, 얼마나 필요한지 알아보자.

"기기를 알고 다루는 것은 카페 운영의 기본이다."

기 기

커피하우스를 시작하는데 꼭 필요한 기기가 있고, 꼭 필요치는 않지만 있으면 업무에 크게 도움이 되는 기기가 있으며, 메뉴에 따라서 필요한 기기가 있다.

간단하게 준비하면 이중에서 5가지만 선택할 수도 있고 모두를 구입할 수도 있다.

필수 기기	에스프레소 머신, 에스프레소용 그라인더, 브랜더, 빙삭기, 냉장고, 냉동고, 냉방 시설, 난방 시설, 음향 시설
업무에 도움을 주는 기기	식기 세척기, 브로워, 브로잉용 그라인더, 전자레인지, 제빙기, 음료 쇼케이스, 금전 등록기, 팩스 전화기, 방범 시설, 휘핑기
메뉴에 따라 필요한 기기	파니니 그릴, 오븐, 주서기, 케이크 쇼케이스, 아이스크림 기기

가장 많이 받는 질문 중 하나가 어떤 기기가 좋은가이다. 보다 저렴한 기기는 없느냐는 질문도 가끔 받는다. 카페를 하는데 저렴한 기기는 큰 의미가 없다.

물론 같은 성능의 보다 저렴한 기기를 구입하면 좋겠지만 가격이 저렴한 기기는 그만한 이유가 있기 때문이다. 무엇보다 중요한 것은 기기를 공급하는 공급 업체가 믿을만한지, A/S는 빠른 시간 내에 받을 수 있는지, 기기가 고장났을 때 고장난 부품을 충분히 공급해 줄 수 있는지이다. 많은 공급 업체들은 중간 상인 역할만 하고 A/S를 요청하면 나 몰라라 하는 경우도 있으니 주의하여야 한다.

이런 기준으로 기기 공급 업체를 선택한다면 별다른 어려움 없이 기기를 사용할 수 있다. 기기의 메이커도 중요하지만 실질적인 영향은 미미한 편이고, 최근 대부분의 기기는 평균 이상의 품질을 갖추고 있다.

전기 제품을 수입하거나 제조할 때 대부분의 카페 사용 기기는 안전인증마크를 부착하여야 한다. 이를 어길 시에는 상당한 벌금이 판매자뿐만 아니라 구매자에게도 청구되니 주의해야 한다.

■ 에스프레소 머신(espresso machine)

에스프레소 머신은 1947년 이탈리아 밀라노에서 시작되었으며, 아킬레 가지아(Achille Gaggia)라는 사람이 곱게 갈은 커피를 고압의 물로 추출하는 방식인 퍼귤레이터를 응용하여 에스프레소 머신을 만들게 되었다. 그 이후로 세계인이 즐겨 찾는 커피가 되었으며, 최근 한국에도 에스프레소 커피가 유행하게 되었다.

현재도 그렇지만 앞으로도 계속 에스프레소는 커피 문화의 중요한 위치를 차지하며 커피 문화를 이끌어 갈 것이다.

초기 머신

이런 시대의 흐름을 따라가기 위해 최근 카페를 운영하고자 할 때 에스프레소 머신은 필수 기기이다. 현재 국내에서 유통되고 있는 에스프레소 머신의 수입 업체는 30여 개 정도이지만, 이를 판매하는 판매상은 100여 개에 이른다.

이들 중 사용하기에 적당한 기기를 선택하는 기준에 대하여 알아보자.

• 완전 자동(full automatic)

완전 자동 방식이란 커피 그라인더가 에스프레소 추출기 안에 위치하여 커피 추출 버튼을 누르면 적당량의 커피가 자동 분쇄되고, 기기 내부에서 탬핑

(tamping) 과정을 거친 후 에스프레소가 추출되는 방식이다. 커피 추출이 버튼 한번으로 가능하다.

커피를 만들 때 사용이 편리하기 때문에 레스토랑이나 호텔 등과 같이 음식과 커피를 함께 하는 곳에서 주로 사용한다. 물론 커피점에서도 사용하지만 가격이 워낙 고가이고, 커피를 쉽게 추출할 수 있다는 장점에 비해 원하는 맛을 내는 데 한계가 있다.

완전 자동 기기를 구입할 때에는 다음 사항에 주의해야 한다.

커피를 추출하는데 어느 정도 단계로 세팅 가능한지, 뜨겁고 고운 우유를 자동으로 만들 수 있는지, 온수 공급 장치가 부착되어 있는지, 지속적으로 뜨거운 우유를 낼 때 문제는 없는지 등을 충분히 고려하여 구입한다.

만일 단순하게 커피만을 추출할 수 있는 기기라면 온수와 우유 거품기는 별도로 구입해야 하는 번거로움을 감수해야 한다.

커피 기기를 가격으로 판단하기는 어렵지만 대체적으로 가격 면에서 1,000만 원 이하의 기기들은 커피 맛을 100% 내는 데에는 부족한 경우가 많다. 또한 국내에서 가끔 볼 수 있는 몇몇 기종들은 사무실용이나 미용실용으로 만들어 놓은 것을 카페에서 사용하는 경우가 있는데, 이런 종류의 기기들은 저렴하면서 완전 자동이지만 커피 맛에서 많이 떨어지므로 피해야 한다.

• 자동(automatic)

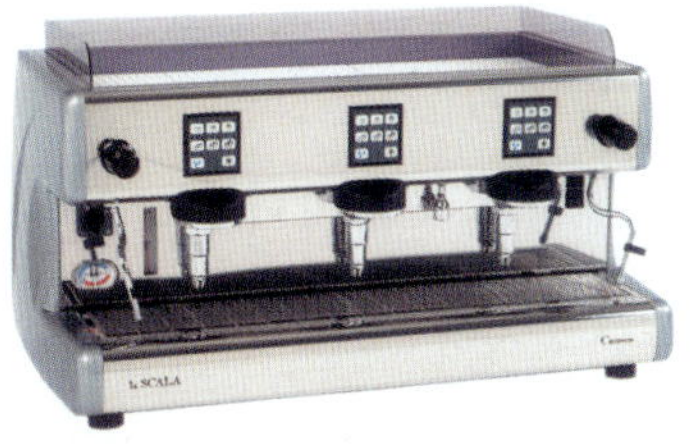

커피를 포터 필터에 담아서 탬핑한 후 커피 머신에 장착하고 추출 버튼을 누르면 적당량이 추출된 후 자동으로 완료되는 기기이다.

대부분의 테이크 아웃 커피점 또는 카페에서 사용하는 기기로 적극 추천하는 종류이다. 커피를 다양하게 추출해 낼 수 있으며, 모든 기기가 온수와 스팀이 기본으로 장착되어 있어 저렴한 가격에 맛있는 커피를 추출할 수 있다.

하지만 사용하는데 여러 단계의 절차를 거쳐야 하는 번거로움이 있어 올바른 사용법을 알지 못하고 사용하였을 경우 커피향이 떨어지고 전혀 다른 맛의 커피가 추출되기 때문에 철저한 교육과 기기 관리가 필요하다.

최근에 나오는 기기의 경우 커피 추출구에 인퓨징(infusing) 피스톤이 있어 전문가나 비전문가나 커피 맛의 차이가 거의 없어지고 있다.

커피 기기를 선택하고자 할 때 또다른 기준은 보일러의 크기이다. 일반적으로 업자들이 1그룹이다 2그룹이다 하면서 기기를 설명한다. 하지만 이들 기기에도 차이가 있다. 그것이 바로 보일러의 크기이다. 같은 1그룹이나 2그룹이라 하더라도 보일러에 차이가 난다면 가격 차이는 상당하다.

1그룹의 경우 적당한 보일러의 크기는 4~6리터이다. 이때 전기 소모량은 1,800~2,500W 정도 되어야 적당한 업소용 기기라 할 수 있다. 2그룹의 경우 적당한 보일러의 크기는 11~15리터이어야 한다. 이때 전기의 소모량은 3,000~4,000W 정도가 적당하다.

3그룹의 경우는 18~22리터 정도에 전기는 4,000~5,000W가 적당하다. 4그룹의 경우에는 25리터 이상이며, 전기 소모량은 4,500W 이상이어야 한다. 이 정도가 일반적인 업소용으로 사용하기 적합하다.

어떤 업자는 2그룹이라는 내용으로만 가격이 저렴하다고 홍보하며 판매를 한다. 이들의 내용을 보면 보일러 용량이 10리터 미만인 경우가 대부분이다. 이런 기기를 2그룹이라는 말만 듣고 구입하게 되면 커피를 추출할 때는 별 문제가 없지만 우유 거품을 낼 때 스팀 용량의 부족으로 어려움을 겪게 된다.

다시 말해 저가의 머신을 싸게 판매하는 것이지, 어느 정도 수준의 기기를 싸게 판매하는 것은 아니라는 것이다.

• 반자동(semi-automatic)

추출을 선택할 수 있는 버튼이 2개로 구성되어 있다. 하나의 버튼은 커피 추출을 위하여, 다른 하나는 온수 추출을 위한 버튼이다.

사용 방법은 자동과 동일하나 커피 추출시 추출량을 직접 눈으로 확인하고, 추출 완료 버튼을 눌러 멈춰야 하는 단점이 있다.

자동의 경우는 커피 추출 시작 버튼을 누르고 난 후 바로 우유를 데울 수 있지만, 반자동의 경우는 커피 추출을 마치고 난 후 우유를 데우기 때문에 시간이 많이 걸린다. 그만큼 고객이 기다리는 시간이 길어진다. 한 두 사람이 기다리고 있다면 얼마 안되는 시간이지만, 주문이 많이 밀려 있다면 영업에 문제를 일으킬 수도 있다.

• 수동(manual)

전기나 가스를 통하여 물을 데우고 기기의 압력을 높인 후 추출 레버를 당겨 추출하는 방식이다.

기기 위편에 추출을 위한 압축 레버가 있다. 커피를 분쇄하여 포터 필터에 담고 탬핑을 하여 커피 추출구에 끼운 후 레버를 잡아당겨 추출한다.

커피 전문가의 경우 이런 방식을 사용하여 커피를 추출하면 보다 좋은 맛을 낸다고 하지만 사용상 불편하고 손이 많이 가는 어려움이 있어 국내에서는 거의 사용하지 않는다.

커피 추출하는 것만 직접 레버를 잡아당겨 하지만, 스팀은 기기 내부의 압력에 의해 나오기 때문에 자동 기기와 거의 차이가 없다.

머신의 구입시 비전문가의 경우 선택에 신중한 고려가 필요하다.

■ 에스프레소용 그라인더

커피에서 커피 기름이 나오는데 이를 태우면 탈까, 타지 않을까? 답은 '탄다' 이다. 커피 기름은 휘발성이 강해서 직접 타지는 않지만 타는데 도움을 준다.

커피의 기름은 아주 진하게 볶아진 원두나 오래된 원두에서 쉽게 볼 수 있는데 대부분 오랜 시간이 지난 커피에서 볼 수 있다.

원두는 볶아서 오랜 시간이 지나면 향이 모두 날아가 커피 본연의 맛을 잃게 된다. 또한 갈아진 상태로 시간이 지나게 되면 최악의 맛을 내게 된다.

카페에서 판매되는 상품은 커피가 주메뉴이다. 최상의 원두커피와 에스프레소 커피를 고객에게 제공하고자 한다면 신선하고 좋은 원두를 구입하여 커피를 추출하기 직전에 갈아서 사용하여야 한다.

갈아진 커피를 공급받아야 하는 두 가지 경우가 있다. 첫 번째는 장소가 너무 협소하여 도저히 그라인더를 놓을 수 없는 경우, 두 번째는 파드 타입(pod type)에 스프레소를 사용하는 경우이다.

이런 기기들은 맛보다는 사용상의 편리성이나 장소의 협소성 때문에 사용하는 것이기 때문에 가급적 이런 방법은 사용하지 않는 것이 좋다.

이와 같이 향기롭고 우수한 커피를 추출하기 위해서는 그라인더가 필수이다. 그라인더를 구입할 때에 가장 중요한 부분은 모터의 전기 소모량, 회전 속도, 그라인더 날의 크기이다.

전기 소모량의 경우는 최소 300W 이상이어야 하며, 회전 속도는 1,500rpm 이하가 적당하다. 이보다 빠른 회전 속도의 그라인더를 사용할 경우 짧은 시간에 많은 양을 분쇄할 수는 있지만 커피가 분쇄되면서 열에 의해 탈 수가 있다.

커피 그라인더 날은 플랫(flat) 타입, 카니컬(conical) 타입, 패러렐(parallel) 타입의 세 가지가 있는데 가장 일반적인 것은 플랫 타입이다.

플랫 타입 크기는 65mm, 70mm, 75mm 등이 일반적이다. 이보다 날이 적을 때는 충분한 용량의 커피를 공급하기 어렵다.

모든 그라인더 날은 일정량을 분쇄한 후 교체해 주어야 한다. 가장 일반적으로 사용하는 플랫 타입의 경우 300kg의 원두를 사용한 후 교체해 주면 가장 바람직하다. 하지만 분쇄하는 중 돌이나 철 조각 등 이물질이 갈리는 경우가 발생한다면 그 기간은 훨씬 짧아진다.

그라인더를 제때에 교체하지 않으면 커피 추출시 커피의 향이 적어지고 커피 맛이 떨어진다.

이를 교체할 때 상당한 비용이 소요되지만 손님에

그라인더 날

게 최고의 맛을 제공하는 것이 카페 사업의 기본이라는 것을 잊지 말아야 한다.

■ 브랜더

주스나 스무디, 셰이크 등을 만들 수 있는 가정용 믹서와 같은 형태의 기기이다.

하지만 믹서와는 많은 차이가 있기 때문에 필수적으로 구입하여야 한다.

믹서와 상업용 브랜더를 구분하는 첫 번째 기준은 회전 속도의 차이이다. 회전 속도가 빠르면 그만큼 음료의 맛이 살아나기 때문에 상업용 브랜더를 선택하기 바란다. 브랜더는 얼음 분쇄 가능형과 얼음 분쇄 불가능형으로 나누어진다.

일반적으로 주스의 경우 2~3개의 얼음과 함께 브랜딩하고, 스무디의 경우는 6~8개의 얼음과 함께 브랜딩하여 메뉴를 만드는데 얼음과 함께 브랜딩할 수 없으면 얼음을 빙삭기에 별도로 분쇄하여 브랜더에 넣고 브랜딩하여야 한다.

이렇게 할 경우 절차가 복잡해져 시간이 거의 50% 정도 증가하기 때문에 고객에게 빠른 서비스를 제공하기 어렵게 된다.

브랜더는 소음이 심한 기기 중 하나이다. 최근에는 소리를 약하게 방음형 브랜더가 시판되고 있으니 카페의 환경에 맞게 구입하는 것이 좋다.

■ 빙삭기

빙삭기는 카페에서 많이 사용하는 기기 중 하나이다. 얼음을 분쇄하여 음료 위에 띄우거나 팥빙수를 만드는데 사용한다.

음료를 만들 때 얼음을 분쇄하여 올리면 시원한 느낌이 든다. 팥빙수를 만들 때 눈처럼 살살 녹는 얼음을 만들기 위해 필수적인 기기이다.

빙삭기는 굵기 조절이 가능하여야 하며, 1년 이상 사용하면 날이 무뎌져 별도의 날을 갈거나 교체해 주어야 얼음이 부드럽고 곱게 나온다.

■ 냉장고

커피를 제외한 대부분의 준비물은 5℃ 이하인 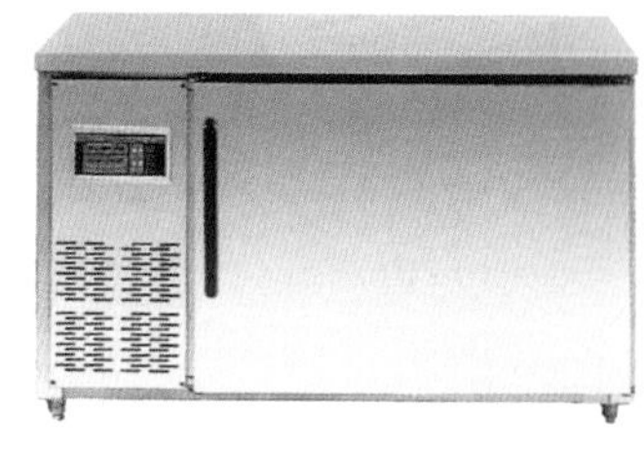
냉장고에 보관한다. 우유, 휘핑 우유, 피처, 과일,
휘핑기, 탄산음료, 맥주 등이 냉장고에 보관되어야
하기 때문에 장소만 넉넉하다면 큰 냉장고를 사용
하는 것이 좋지만, 외부에서 훤히 보이는 곳에 업
소용 냉장고가 자리잡고 있으면 카페의 분위기를 망치게 된다.

최근에는 별도로 주방을 만들지 않고 카운터(counter)만 만드는 경우가 대부분
이기 때문에 대형보다는 테이블형(under counter type) 냉장고와 투명한 음료용
쇼케이스를 구입하여 사용하는 것이 좋다.

냉장 온도는 1~5℃가 가장 적당하다. 온도가 높으면 음식이 쉽게 상하게 되고,
온도가 낮으면 얼어 식자재를 버리게 된다. 이를 항상 점검해 주어야 한다. 냉장고
에는 온도를 정확히 측정할 수 있는 온도계가 외부에서 보기 쉬운 위치에 설치되
어 있는 것이 좋다.

■ 냉동고

냉동고는 스무디를 위해 과일을 얼린다거 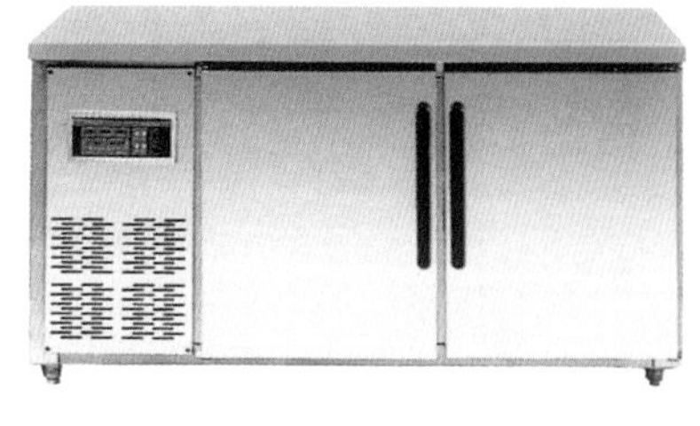
나 냉동 과일과 아이스크림을 보관하는데 주
로 사용된다. 또한 외국에서 수입되는 휘핑
우유 중에는 냉동고에 보관하여야 하는 경우
가 있는데, 이를 사용할 경우 대형 냉동고가
필요하다. 냉동고의 용량은 그리 크지 않아도 된다.

가정용 냉장고가 아닌 업소용으로 나온 냉장실과 냉동실이 붙어있는 냉장·냉
동고의 경우 냉동이 약하여 아이스크림 등을 보관했을 때 녹는 경우가 발생하기
때문에 구입시 냉동 최저 온도가 −15℃ 이상 유지되는지 확인하여야 한다. 냉장고
와 마찬가지로 외부에서 온도를 확인할 수 있는 냉동고가 좋다.

냉동고의 경우도 테이블형 냉동고가 있다. 또한 이보다 소형을 원할 경우에는

문을 위에서 여는 방식 또는 가정용 소형 냉장고 모양의 냉동고도 있다. 카페 활용도에 따라 크기, 용량, 형태를 선택한다.

■ 냉방 시설

냉방 시설은 에어컨을 말한다. 설치할 때 에어컨의 용량을 충분하게 준비해야 한다. 에어컨의 용량이 부족하여 1년 중 가장 장사가 잘되는 한여름에 고객에게 쾌적함을 주지 못한다면 치명적인 문제가 된다.

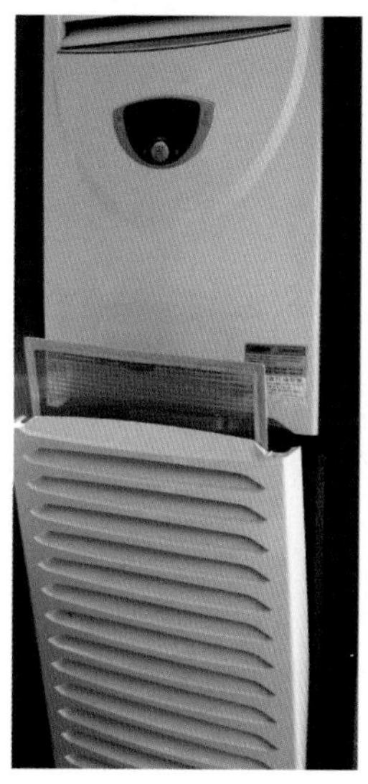

에어컨을 놓을 장소는 카페의 형태를 고려하여 바람이 한곳으로만 집중되지 않고 골고루 시원한 바람이 갈 수 있도록 고려해야 한다.

에어컨의 실외기는 절대 도로 쪽으로 내어 고객들이 통행시 피해를 입지 않도록 설치해야 한다. 모든 고객은 바로 그 카페 앞을 지나다니는 행인이라는 사실을 잊지 말아야 한다.

■ 난방 시설

난방 시설 또한 중요하다. 난방 용량도 평수를 감안하여 충분하게 설치하여야 한다. 충분하지 않은 난방 시설 때문에 석유난로나 가스난로를 사용하게 되면 화재의 위험이 있으니 특히 주의하기 바란다.

난방 시설은 전기와 가스, 기름으로 작동되는 방식이 있다. 전기를 사용할 경우 냄새도 없고 조용하지만 전기료가 많이 든다.

가스나 기름 난방 시설을 사용할 경우 설치 기사에게 완전 연소하게 조절해 달라고 부탁하여야 한다. 완전 연소가 이루어지지 않으면 그을음이 생기고 가스가 발생하여 냄새가 많이 나게 된다.

특히 환풍 시설을 할 경우 카페에 찬바람이 드나들기 때문에 그 쪽에는 테이블을 두지 않는 것이 좋다.

■ 음향 시설

음향 시설은 카페의 분위기를 만드는 요소 중 하나이다. 특히 카페의 경우는 음악을 하루 종일 틀어야 하므로 일반 가정용 설비는 선택하지 않는다. 하루종일 음악을 틀어 놓으면 가정용의 경우는 얼마 안되어 못쓰게 된다. 또한 스피커의 음량이 떨어져 직직거리는 소리가 나지 않도록 전문 음향을 사용해야 한다.

최근에는 24시간 음악을 틀어주는 인터넷 사이트도 생겨 '그걸 틀면 되지' 하고 생각하겠지만, 정부에서 적극적으로 막고 있으므로 잘 판단하여 최소한의 음향 시설은 갖추어야 한다.

■ 브로워(Browers)

일반적으로 이야기하는 원두커피나 하우스 브랜드 커피인 드립 방식의 커피 추출기 일종이다. 원래는 드립 세트를 이용하여 직접 추출하기도 하고, 가정용 커피 메이커를 사용하는 경우도 있었다.

이런 드립 세트를 이용하여 커피를 추출할 경우 커피 맛이 좋기 때문에 손님들은 좋아하지만, 커피를 추출하기 위하여 약간의 시간이 소요되고 많은 정성이 필요하다.

이를 감안하여 고객을 이해시킬 수 있다면 드립 방식을 이용하고 메뉴의 가격을 높이는 것도 좋은 방법이다. 하지만 많은 고객들이 방문하는 카페에서 이처럼 드립 방식을 이용하는 데는 한계가 있다. 이런 카페는 브로워를 사용하는 것이 좋다.

보통 쉽게 볼 수 있는 유리로 된 브로워의 용량은 10~15인용이 대부분이다. 브로워의 장점은 빠른 시간 안에 많은 커피를 추출할 수 있기 때문에 사람들이 붐비는 카페에 적당하다.

외국에서 들어오는 브로워의 경우 다양한 크기가 있고, 또한 추출 후 향을 오랫동안 보존할 수 있도록 고안된 스테인리스 브로워가 있다. 용량도 30인 이상의 대용량이고 대체적으로 향 보관도 잘 된다.

한 가지 주의할 점은 1개의 브로워에서 한가지 커피만 추출할 수 있기 때문에 원두커피를 2가지 이상 추출하기 위해서는 원두별로 브로워가 필요하다.

■ 브로워용 그라인더

브로워나 커피 메이커, 드립 세트에 사용되는 커피의 굵기는 에스프레소용 커피의 굵기보다 굵은 커피를 사용하여야 하는데, 이를 분쇄하기 위한 분쇄기이다.

에스프레소용 그라인더로 브로워용 커피를 분쇄하는 것은 절대 금물이다. 에스프레소용 그라인더를 이용하여 브로워용 커피를 분쇄하게 되면 그 다음 맛있는 에스프레소를 추출하기 위해서 많은 커피가 버려지게 되고, 그라인더에 다른 맛의 커피가 묻어있어 에스프레소의 맛을 흐트릴 수 있기 때문에 전용 그라인더를 사용하여야 한다.

그라인더는 국산 그라인더를 사용한다. 그라인더의 형태는 에스프레소 그라인더와 같은 플랫 방식의 그라인더가 적당하다.

가정에서 사용하는 핸드 밀이나 혹은 가정용 전동 그라인더는 분쇄되는 양도 적고 굵기도 일정하지 않기 때문에 맛있는 커피를 만드는데 어려움이 많다.

■ 식기 세척기

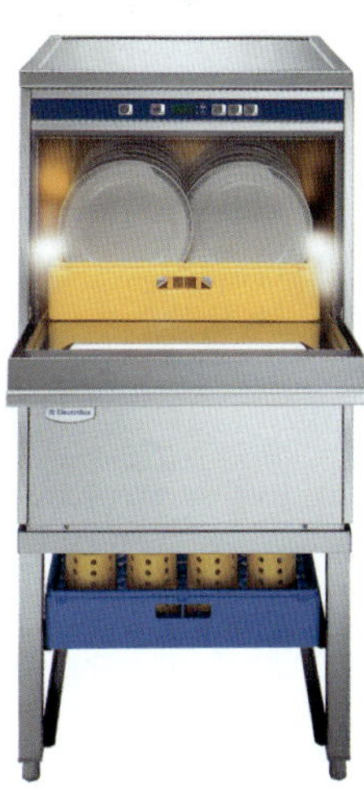

꼭 권하는 기기 중 하나이다. 카페를 운영하다 보면 쌓이는 컵과 접시들이 만만치 않다. 또한 설거지를 하다 보면 컵들이 쉽게 깨지는 경우가 많다.

모일간지에서 이직률이 높은 업종을 대상으로 이직을 하는 이유를 물어 본 적이 있는데 첫 번째 이유가 '설거지 등 잡다한 청소가 싫어서' 이다. 그 다음이 직원 상호간 또는 업주와 직원간의 불화이다.

설문 조사에서 알 수 있듯이 직원들이 제일 싫어하는 일이 설거지이다.

직원들이 설거지를 하다 컵을 깨뜨리는 경우가 많은데 업주들은 처음에는 이해하지만 이런 일이 잦아지면 직원들에게 싫은 소리를 하게 된다. 그러면 직원들의 고객에 대한 충분한 서비스를 제공하기에 어려움이 생긴다. 심지어는 카페를 그만두는 이유가 되기도 한다.

식기 세척기를 구입하면 처음에는 부담이 가지만 인건비와 컵 손실 가격을 계산하면 1년이면 500만 원 정도의 이익을 볼 수 있다. 업소용 식기 세척기는 가정용과 달리 빠른 시간 안에 세척이 가능하고, 85℃ 이상의 물로 세척하기 때문에 살균 세척과 건조까지 기대할 수 있다.

카페에 사용하기 적당한 식기 세척기는 일반 식당에서 사용하는 식기 세척기와 크기에서 구별된다. 일반 식당에서 사용하는 식기 세척기는 크기가 크고 소음이 심하여 카페에는 적당하지 않다.

카페에서 필요한 식기 세척기는 테이블형으로 준비하여야 한다. 크기나 모양면에서 가정용과 같은 형태이지만, 가정용과의 차이점은 세척 속도와 세척력이다.

가정용은 한번 세척을 완료하는데 1시간이 걸리지만, 업소용은 1~4분 이내에 완료된다.

카페에서 사용할 식기 세척기를 구입할 때에는 랙(rack)의 크기가 몇 mm(400×400, 500×500)인지, 전기 소모량은 충분한지(3~7kw), 세척기의 세제와 린스가 자동 공급되는지, 세척 후 배수는 별도의 배수 펌프가 장착되어 있는지를 확인하여야 한다.

■ 제빙기

얼음을 얼리는데 사용하는 기기이다. 거의 필수적인 기기이지만 하루의 얼음 소모량이 6kg이 넘지 않는다면 3kg 용량의 봉지 얼음을 구입해서 사용하는 것도 좋다.

하지만 3kg의 얼음 한 봉지 가격이 1,500~2,000원 정도 하기 때문에 6kg이 넘는다면 제빙기를 구입하는 것이 효율적이다.

제빙기의 크기는 하루 생산량이 얼마인지를 기준으로 판단하는데, 하루 생산량 30kg 이상의 다양한 형태가 있다.

일반적으로 카페에 적당한 크기는 30~80kg인데 가장 많이 사용하는 종류는 일일 생산량 50kg인 제빙기이다.

구입시 얼음의 크기와 모양이 예쁜지도 확인하여야 한다.

■ 휘핑기

휘핑 우유를 넣으면 내부에 모터가 들어 있어 휘핑크림을 만들어, 이를 자동으로 배출해 주는 방식이다.

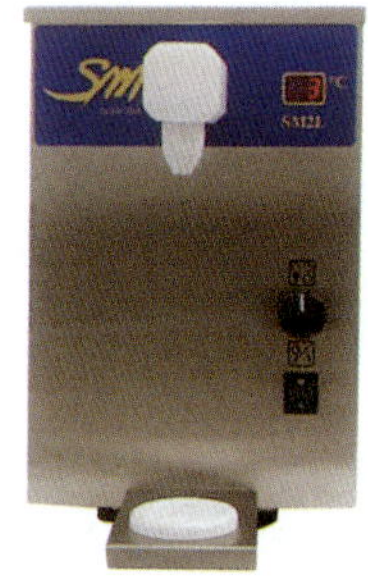

버튼 하나로 풍부하고 신선한 휘핑크림을 토핑할 수 있지만 대부분의 기기가 150만 원이 넘는 고가이다. 휘핑크림이 많이 쓰이는 메뉴는 모카 종류이지만 휘핑크림을 다양하게 이용하여야 한다면 구입하는 것이 좋다.

■ 음료 쇼케이스

냉장고를 보조하는 제품이다. 전면은 유리로 되어 있다. 이런 형태의 냉장 시설은 용량이 커서 음료나 과일을 넣기에는 좋지만 분위기를 고려하여 선택한다.

특히 음료 공급상에서 공급하는 음료 쇼케이스의 경우 옆면에 광고가 화려하게 장식되어 있기 때문에 설치할 장소가 적당한지 확인하고 설치하는 것이 좋다.

■ POS 시스템, 금전 등록기

매출이 일어나면 이를 일일이 기록해야 한다. 이를 대신해 주는 것이 금전 등록기나 POS 시스템이다. 고객에게 영수증 발행도 해 줄 수 있고, 입출금 현황이나 매출 집계 등도 가능하다.

금전 등록기의 경우는 버튼에 메뉴 등록을 해두고 이를 누르면 자동으로 금액이 계산되는 시스템이다. 금전 등록기에서 직접 카드 결제가 불가능하다는 단점도 있다. 카드 결제기와 함께 나온 금전 등록기가 시판되기는 했으나 시중에서 구입하기는 상당히 어렵다.

POS 시스템은 컴퓨터를 유통 업체에서 상품을 판매할 때 판매에 용이하게 만들어 놓은 프로그램으로 매출 관리, 집계, 좌석별 통계, 카드 결제를 모두 한꺼번에 할 수 있으며, 원거리에서 인터넷을 통하여 매출 관리가 가능하다.

또한 고객에게 메뉴와 가격에 대한 신뢰를 갖게 하여 카페의 이미지를 상승시켜 주는 효과 때문에 이를 선택하는 카페가 많아졌다.

■ 팩스 전화기

전화기가 카페에 있어야 하는 것은 당연하다. 또한 팩스는 음식 재료에 대한 주문을 할 때 필요하다.

주문하여야 할 재료가 한 두 가지라면 문제가 안되지만 다섯 가지 이상이라든지 수량이 많다면 전화로 주문하는 것보다 메모를 하여 팩스로 보내면 되기 때문에 번거롭지 않게 주문이 가능하다.

■ 가스레인지, 전자레인지

음료 이외의 음식물을 요리하는 데 사용한다. 가스레인지는 카페에서 필요한 경우는 극히 한정되어 있다.

뜨거운 물 같은 경우는 에스프레소 머신에서 99℃의 물이 나오기 때문에 충분하다. 용량이 부족하면 핫 플레이트(hot plate)를 사용하면 된다. 전자레인지의 경우도 음식물을 데우는데 사용하는 조리 기기이다.

일반 음식점으로 영업 허가를 받는다면 메뉴로 나갈 식사를 무엇으로 할 것인지 결정하여 기기를 구입한다.

가스레인지나 전자레인지를 설치할 때는 별도의 주방을 설치하여 냄새 배출을 위한 환풍 시설을 하여야 한다.

■ 방범 시설

카페는 고가의 제품들이 많고, 또한 야간에 매출이 많이 발생한다. 야간에 발생된 매출은 카페에 두고 다니는 경우가 많다. 매출금을 소지하고 퇴근을 하면 위험할 수 있으니 가능하면 카페에 두고 다녀야 한다. 그러나 카페에 두게 되면 이를 보고 들어오는 도둑이 있다.

도둑이 들어 돈만 가져간다면 그나마 다행이지만 기물을 파손하게 되면 몇 일 동안 영업을 할 수 없기 때문에 피해가 심각해진다.

매월 일정 금액을 납부하면 무인 경비 시스템을 설치해 주고 보호를 받을 수 있다. 무인 경비 시스템을 이용할 때는 이용 약관을 꼼꼼히 살펴보아야 한다. 금고 안의 현금만 해당되는지 카페 기기들도 해당되는지를 확인한다.

■ 오렌지 주서기

오렌지를 즉석에서 갈아주는 제품이다. 가격은 고가이지만 통 오렌지를 넣으면 즉석에서 갈아 냉장 보관까지 해준다. 오렌지를 즉석에서 갈아주기 때문에 맛이 탁월하다. 크기가 크고 가격이 비싸다는 단점이 있다.

■ 음료, 슬러시 디스팬서

음료 디스팬서는 음료 원액을 넣고 가스를 이용하여 쉽게 탄산음료를 공급받는 장치이다. 공급이 편리하고 매출이 좋으면 무상으로 대여 받을 수 있다.

슬러시 디스펜서는 셰이크나 스무디와 같이 얼음 범벅이 된 음료를 자동으로 만들어 주는 기기이다. 이런 종류의 음료는 브랜더를 이용하여 만들 수 있지만 바쁜 시간대에는 이도 어렵게 된다. 하루 종일 음료를 넣고 회전하면서 밖에 설치되어 있기 때문에 청결하게 관리해야 한다.

■ 파니니 그릴

샌드위치를 만들 때 빵과 햄, 소시지 등을 굽는 기기이다. 전문 샌드위치를 하고자 한다면 이용할 만하다.

샌드위치에 야채를 넣더라도 야채의 신선함은 그대

로 유지한 채 빵만 구울 수 있어 편리하다. 빵을 구울 때 좋은 맛을 낼 수 있고, 예쁜 모양을 내기에도 안성맞춤이다.

■ 케이크 쇼케이스

케이크 쇼케이스는 케이크 수요가 많아 판매가 가능한지 시장 조사를 하고 구입을 결정하여야 한다.

케이크를 보관하는 냉장 시설의 규격은 가로 폭 기준으로 900mm 이상 다양하게 제작할 수 있으며, 높이가 높기 때문에 bar를 구성할 때 가장 우선적으로 케이크 쇼케이스 자리를 잡아야 한다.

■ 오 븐

오븐은 카페에서 거의 사용하지 않는 기기이다. 빵이나 쿠키를 만들거나 음식을 조리할 필요가 있을 때 사용하면 편리하지만, 그렇지 않다면 자리를 많이 차지하여 오히려 방해가 된다.

오븐은 전기로 작동되는 것과 가스로 작동되는 것이 있다. 그리고 단순히 굽는 기능만 하기도 하고 찌거나 삶는 기능이 있는 것도 있으니, 메뉴와 장소에 필요한 기기를 구입하여야 한다.

■ 아이스크림 머신

아이스크림 머신은 카페에서 꼭 필요한 기기는 아니다. 하지만 다양하고 맛있는 아이스크림을 메뉴에 추가한다면 상당한 매출 증대 효과를 줄 수 있다.

많은 카페에서 케이크를 판매하지만 그보다 많은 매출 증대를 이룰 수 있는 아이템이 바로 아이스크림이다. 카페에서 필요한 아이스크림 머신은 전문점에서 주로 사용하는 고가의 머신일 필요는 없다. 카페에서는 저가의 소형 머신으로도 충분하다.

식자재 · 기물

지금까지 카페를 운영하는데 필요한 일반적인 기기에 대하여 알아보았다. 하지만 카페에서는 기기 외에도 많은 액세서리와 식자재가 필요하다.

조리를 위해서 필요한 기물도 있고, 조리된 음식을 담기 위해 필요한 기물도 있다. 또한 커피와 음식물을 만들고 난 후 정리를 위한 기물도 필요하다.

■ 메뉴를 만드는데 필요한 기물

카페는 일반 음식점과 달리 많은 소도구들이 필요하지 않다. 하지만 몇 안되는 기물이라 할지라도 이러한 것들이 없으면 메뉴를 만들기 어렵게 된다.

• 밀크 피처(milk pitcher) : 1~2개

모든 에스프레소 계열의 메뉴를 취급하는 카페는 우유를 데우기 위한 밀크 피처가 필요하다.

피처의 크기는 보통 12oz부터 60oz까지 있는데 사용하기 가장 적당한 피처는 32oz이다. 32oz의 피처로 보통 2잔 정도의 커피 메뉴를 만들 수 있다.

피처는 스테인리스로 된 것이 우유의 온도를 바로 감지할 수 있기 때문에 사용하기 편리하며, 손잡이는 잡기에 편해야 한다. 우유를 따르는 주둥이 부분이 길면 메뉴를 만드는데 편리하다.

• 템퍼(temper) : 1개

포터 필터에 담긴 커피를 다지기 위한 도구이다. 일단 포터 필터의 바스켓과 템퍼의 크기가 맞는지 확인한다. 크기가 맞지 않으면 탬핑이 제대로 되지 않는다.

일반적으로 포터 필터의 바스켓 크기는 55mm, 56mm,

58mm, 60mm이다. 템퍼의 재질은 묵직한 알루미늄이나 딱딱한 나무가 적당하다. 템퍼의 바닥은 흠집이 없어야 하며, 손잡이 부분은 잡기에 편해야 한다.

• 샷잔(shot glass) : 2~4개

처음 샷잔을 보면 소주잔과 흡사하다. 샷잔은 에스프레소 머신에서 추출되는 뜨거운 에스프레소를 직접 담는 용기이기 때문에 두꺼운 유리 제품이 좋다.

크기는 최소 1oz는 되어야 하며, 일반적으로 2oz 컵이 적당하다. 2oz 컵에는 1oz에서 흰색 눈금선이 있는 것을 선택하여야 사용하기 편하다.

• 찌꺼기 통(knock box) : 1개

커피를 추출하고 나면 매번 커피 찌꺼기가 나온다. 이 찌꺼기를 버리는 통인데 일반적으로 사각형과 원형 두 가지가 있으며, 모두 윗부분을 가로지르는 고정된 막대가 있어야 한다.

커피 추출이 많은 대형 카페나 테이크 아웃의 경우는 바닥 부분이 뚫려있는 찌꺼기 통을 사용하여 bar 테이블을 뚫어 바로 쓰레기통과 연결하는 것도 좋은 방법이다.

• 휘핑기(cream whipper) : 2개

휘핑 우유를 손쉽게 만들어 장식할 수 있는 도구로 자동과 수동이 있다. 수동의 경우는 휘핑 우유를 휘핑기에 넣고 뚜껑을 닫은 후 1회용 질소 가스를 넣어 흔들어주면 바로 사용 가능한 용기이다. 가격이 저렴하고 사용이 간편해 가장 많이 쓰인다.

• 샷 타이머(shot timer) : 1개

에스프레소는 18~30초 범위 내에서 추출이 될 때 가장 맛있는 에스프레소가 되는데, 이때의 시간을 측정하기 위하여 필요하다.

타이머에 측정 시간을 세팅하고 일정 시간이 지나면 알람이 울린다. 추출에 있어 어느 정도 숙달되면 필요하지 않게 된다.

• 온도계(thermometers) : 1개

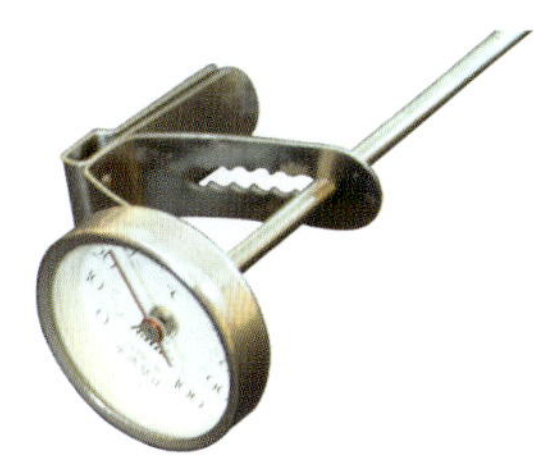

피처에 담아 스티밍을 하는 우유의 온도를 측정할 수 있는 온도계이다. 스티밍을 하여 우유의 온도가 적당한지 직접 확인하기 위하여 필요하다.

밀크 피처의 측면에 온도계에 달린 클립으로 끼워 사용한다.

위쪽에 눈금이 있으며 제조 회사에 따라서 온도 표시하는 방법이 다르지만 0~110℃ 정도로 표시가 가능하다.

초보자에게는 필수적인 소도구이다. 하지만 어느 정도 숙달되면 꼭 필요하지는 않다.

• 시럽 펌프(syrup pump) : 4개

향 시럽을 사용하기 위해서는 시럽과 별도로 시럽 펌프를 구입하여 사용한다. 위에서 누르면 일정량이 나오는 펌프 형태로 한 번 누를 때마다 0.25oz의 시럽이 나온다.

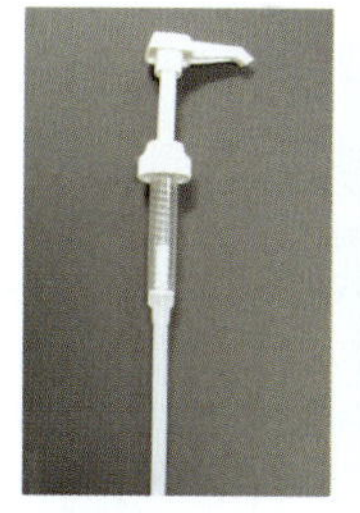
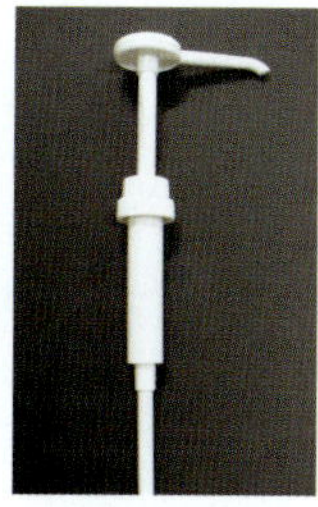

시럽 펌프   소스 펌프

• 소스 펌프(sauce pump) : 1개

캐러멜이나 초콜릿 소스를 공급하기 위하여 필요한 용기로 스테인리스 재질이다. 한번 누를 때마다 1/3oz 또는 1oz의 소스가 나온다.

• 청소용 브러시

커피를 추출할 때 그라인더 주변과 커피 추출구가 가장 쉽게 지저분해진다.

페인트 상점에서 적당한 크기의 솔을 구입하여 사용하면 좋다.

■ **그밖에 필요한 기물**

품 명	모델 & 규격	수량(좌석수 대비)
시럽잔		100%
쟁 반	大, 中	大 5개, 中 5개
스테인리스 물 주전자	물 서빙용	3개
아이스크림 셔터기		2개
계량컵	0.2Lt, 0.5Lt, 1.0Lt	3개
즙짜게		오렌지용 1개, 레몬용 1개
셰이커		大 1개, 中 1개
행 주		20개
재떨이		흡연 테이블 수
병따개		4개
과일용 칼		2개
도 마		2개
병마개		10개
보관함(성냥, 설탕, 프림)	대바구니, 철바구니	5개
밀폐용기(커피종별 大, 中)		각 5개
성 냥		
메뉴판	인쇄소 공동 제작	

메뉴를 담기 위한 식기

모든 음료는 컵에 담아 서빙을 하게 된다. 컵은 어떤 메뉴에 어느 정도 용량을 사용할 것인지 파악하여 구입한다. 처음 시작하는 사람들은 좀 비싸더라도 좋고 예쁜 컵을 구입하여 사용한다. 1주일이 지나면 그 중 2~3개 정도는 깨지게 된다. 또한 예쁜 스푼 중 몇 개는 없어진다. 어떤 때는 컵이 없어질 때도 있다. 디자인과 가격적인 부분보다는 사용하기에 적당한 컵을 구입하는 것이 좋다.

품　명	모델 & 규격	수량(좌석수 대비)
커피잔(브랜드용)	6oz	
커피잔	8~14oz	70%
머그컵, 라테	10~13oz	
카푸치노용	6~8oz	
에스프레소용	3~4oz	10%
찻　잔		40%
잎 녹차 잔		
아이스크림 잔(볼)		20%
빙수 잔(볼)		40%
음료수 잔		70%
주스 잔		
물 컵		120%
주스 받침		300%
커피 스푼		커피잔의 110%
롱스푼(바스푼)		10개
아이스크림 스푼(빙수)		60%
종이컵	Small : 10oz	
	Regular : 13oz	
	Large : 16oz	
	X-Large : 20oz	

■ 청소와 정리를 위한 기물

그 밖에 앞치마, 빗자루, 청소기, 1회용 비닐장갑, 고무장갑, 면장갑, 쓰레받기, 대걸레, 걸레, 메뉴판, 빌(bill), 냅킨, 컵받침, 쓰레기통, 비누, 락스, 기기 세척약, 주방용품(세제, 수세미), 휴지, 청소용 브러시 등 청결한 카페를 유지하기 위한 것들이 필요하다.

"필요한 식자재와 기물의 준비는 관심과 애정이 필요하다."

Choosing Supplies

02 재료 구입

성공한 요리사에게 사람들이 물어 본다. "맛있는 요리를 만드는 비결을 이야기 해주세요."

이런 우문(愚問)에 현답(賢答)을 해주는 요리사의 대답에 반드시 포함되는 비결이 있다. 그것은 좋은 재료로 요리해야 한다는 것이다. 훌륭한 요리사가 가장 신경을 쓰는 단계는 재료 구입의 과정이다.

커피 역시 마찬가지이다. 재료의 종류, 볶는 방법, 볶은 후의 기간, 보관 방법 등에 따라 그 맛에 차이가 있기 때문이다. 사랑받는 카페의 기본인 '커피 맛'은 재료 구입에서 시작된다.

카페에서 판매하는 대부분의 음료는 원가 기준으로 30%를 넘지 않는다. 종종 맛있는 커피를 사용하다가 어떤 커피 영업 사원이 와서 5,000원 싼 원두를 공급해 주겠다고 하면 아무런 생각 없이 바꾸는 경우가 있다. 이것이 바로 망하는 장사의 시작이다.

영업장에 공급되는 커피 1kg의 평균 원가는 25,000~30,000원 정도이다. 이때 커피는 약 120잔이 나오기 때문에 원가상으로 210~250원이다. 5,000원 저렴한 원두를 구입하면 1잔에 42원이 절감된다. 바꾼 원두가 맛이 좋다면 다행이지만, 그렇지 못하다면 42원의 결점이 가져다 주는 결과는 정말 돌이킬 수 없게 된다.

소탐대실(小貪大失)이란 말이 있다. 작은 것을 탐하다가 큰 것을 잃는 어리석음을 꾸짖는 말이다. 우리 인생에서도 중요하게 생각할 문장이지만, 음식의 기본이 되는 재료를 구입할 때는 반드시 상기해야 할 문장이다.

재료를 구입하는 가장 우선 원칙은 최고의 재료를, 최적의 시기에, 가장 적절한 양을 파악하여, 최선의 조건으로 구매하는 것이다. 아주 간단한 정의이지만 가장 어려운 일 중 하나이다.

일반적으로 재료를 구입할 때 합리적인 원가를 계산하고, 이에 맞게 재료를 준비해야 한다.

■ 재료 구입 방법

카페를 운영하기 위해서는 원할 때 언제든지 최상 품질의 필요한 재료를 저렴한 가격에 공급해 줄 수 있는 재료상을 선택하는 것이 우선이다.

국내 대부분의 재료상들은 지역별로 공급 가능 요일을 정한 후 해당 일자에 공급하는 경우가 대부분이다. 그러므로 공급 가능한 요일을 파악하여 적절한 재고 관리가 될 수 있도록 해야 한다.

카페에서 필요한 재료의 종류는 한정되어 있으며

원가율이 높지 않아 다른 외식업체보다 재고 관리나 재고에 대한 부담이 적다. 또한 재료상들 대부분은 동일한 수준의 원재료를 공급하고 있어 제일 중요한 커피를 제외한 나머지 재료는 품질에 대한 차이를 느낄 수 없다.

가장 친절하고 좋은 가격을 제시하는 재료상을 선택하여 거래한다.

커 피(coffee)

세계적으로 가장 많은 체인점을 가지고 있는 S커피점은 커피의 볶음 정도를 선택하여 가장 신선한 상태에서 공급함으로 세계 시장에서 인기를 누릴 수 있었다.

물론 이 커피가 가장 맛있는 것은 아니다. 주인이 가장 맛있는 원두를 사용한다는 자부심을 갖고 준비하면 그보다 맛있는 커피를 공급할 수 있을 것이다.

소문난 음식점에서 그 집만이 가지고 있는 핵심 재료가 있듯이 커피는 커피 맛을 좌우하는 중요한 재료이다. 그 집만의 핵심 재료는 연구하면 만들 수 있지만, 커피의 경우는 맛있는 원두를 구입하여야 최고의 맛을 낼 수 있다.

카페를 내면서 각종 커피의 맛이나 로스팅 기술 등을 익히고 난 후 커피점을 연다면 그보다 좋을 수 없다. 하지만 카페를 운영하는데 커피에 대한 기원이나 역사, 커피나무가 어떻게 생겼는지, 커피 열매는 어떤 형태를 가졌는지는 그리 중요하지 않다. 역시 가장 중요한 핵심은 맛있는 커피를 선택하여 구입하는 것이다.

■ 맛있는 원두커피 구하는 방법

맛있는 커피를 구한다는 것은 쉬운 일이 아니다. 나에게만 맛있다고 모두에게 맛있는 것은 아니기 때문이다. 그러나 일단 내가 만족할 수 없다면 고객 역시 만족하지 않을 것이다.

다음에 제시하는 몇 가지 기준으로 커피를 선택한다면 분명 실패하지 않는 커피 선택법이 될 것이다.

- 커피 볶는 회사나 카페에서 직접 구입하라.
- 볶은지 1주일 이내의 커피만 구입하라.
- 커피를 직접 먹어보고, 본인의 입맛에 맞는 원두를 구입하라.
- 커피 볶는 곳에서 직접 에스프레소와 브랜드 커피를 마셔보고 결정하라. 만약 그곳에서 시음할 수 없다면 그곳의 커피 구입은 심각하게 고려하라.

가장 좋은 원두를 공급받을 수 있는 방법은 가까이에 있는 원두를 볶는 곳을 찾는 것이다. 그들 대부분이 제공하는 커피는 신선함만으로도 충분히 맛을 낼 수 있는 원두를 공급하고 있다. 그들에게 필요한 원두를 요청하면 직접 원두를 볶아서 제공할 것이다.

원두 공급 업자를 선택할 때 한 가지 주의할 점은 공급자가 원두를 얼마나 엄선하는지이다. 대부분의 원두를 볶는 업자들은 그들이 최고의 원두를 공급받아 볶는다고 하지만 그렇지 못한 경우도 많다.

또한 아무리 좋은 원두를 공급받아 볶더라도 사전에 일일이 엄선하지 않으면 돌멩이가

골라낸 원두

들어가는 경우도 있으며, 벌레 먹은 원두도 있고 동전이 나오는 경우도 있다.

이들이 커피 속에 포함된 상태로 공급되면 가장 먼저 돌멩이가 그라인더의 날을 망가뜨리고 벌레 먹은 원두나 미성숙 원두가 커피의 맛을 흩트린다.

업자를 선택하기 전에 꼭 별도의 작업을 하여 원두를 엄선하는지 확인하고, 그라인더에 커피를 갈 때 3회 이상 돌멩이가 갈리는 경우가 발생할 때는 과감하게 공급 업자를 바꿔야 한다.

이런 기준으로 커피를 선택하고 원두가 가지는 특성과 볶음 정도에 따른 맛의 변화, 맛있고 신선한 원두를 선택하는 방법만 더 알고 있다면 커피점을 운영하는 데 전혀 어려움이 없다.

■ 원두별 특성

원두는 아라비카종과 로부스타종, 리베리아종 3가지로 구분되는데, 시중에 판매되는 원두 대부분은 아라비카종과 로부스타종이다.

이들 중 원두커피나 에스프레소로 사용하는 커피는 거의 아라비카종이다. 이탈리아 커피의 경우 로부스타를 브랜딩용으로 사용하는 경우가 많다.

로부스타가 이탈리아 에스프레소 브랜드에 들어가는 이유는 브라질 계열의 커피를 기본으로 하여 브랜딩을 하는

데, 브라질 계열의 커피는 콜로이드 성분이 들어 있어 로부스타의 쓴맛을 잡아주는 역할을 하면서 향을 돋우어 주기 때문이다.

아라비카종의 경우 지역별로 맛과 향에 차이가 있다. 일반적으로 콜롬비아, 콜롬비아 슈프리모, 브라질 산토스, 코스타리카 타라주, 탄자니아 킬리만자로 등 많은 원두가 유통되지만, 이들 원두를 모두 취급하는 것 보다는 2~3가지를 선택하여 메뉴에 넣는 것도 좋은 방법이다.

■ 볶음 정도에 따른 맛의 변화

대부분의 커피 공급 업자들은 그들만의 브랜딩된 커피를 가지고 있다. 맛있는 커피는 잘된 브랜딩과 원두의 특성을 고려한 로스팅에서 결정되는 경우가 대부분이다.

원두의 특성을 고려한 로스팅을 하기 위해서는 볶아진 원두를 직접 테스트하여야 하는데 이런 테스팅을 위한 시스템인 에스프레소 머신, 드리퍼(dripper), 사이펀(siphon) 등 추출 기구들을 갖추지 않고 커피를 볶고 있다면 공급 업자로 적합하지 않다. 아무리 브랜딩을 잘하고 로스팅을 잘 하더라도 이를 테스트할 수 없다면 좋은 맛을 찾을 수 없기 때문이다.

원두 볶음 정도

■ 원두를 선택하는 방법

신선한 원두는 무엇보다도 중요하다. 아무리 유명한 회사의 커피나 또는 유명한 사람이 볶은 커피라 할지라도 3개월이 지난 후 개봉하여 맛을 보면 이미 향이 없어질 대로 없어진 경우가 많다.

아무리 좋은 기술력을 갖추고 로스팅을 하더라도 시간이 지나면 휘발성인 향과

맛은 지킬 수 없기 때문이다.

최근에는 질소 포장 방법에 의해서 이를 방지하는 방법도 있는데 100% 맛과 향을 보존하는 방법은 아니다. 또한 3~4개월이 지난 커피가 숙성이 되어 가장 맛있다고 잘못 알고 있는 경우도 있는데 미국이나 일본의 맛있는 체인점들의 경우 볶은지 최장 4주일이 지나지 않은 원두만 사용한다.

이들이 무조건 맞다고 볼 수는 없지만 소비자들이 가장 선호하는 체인점이라는 사실을 주지할 필요가 있다.

그렇다면 신선한 원두를 구별하는 방법은 무엇인가?

• 브랜드 커피와 드립 추출을 한 원두커피

일반 드립 방식의 원두는 약 2잔 분량의 원두를 갈아서 드리퍼(dripper)에 담은 후 90℃ 이상의 물을 원두 전체가 적실 정도로 부어 보면 쉽게 알 수 있다.

원두가 신선하면 물을 부었을 때 부풀어오른다. 하지만 신선하지 않은 경우에는 부풀림이 없이 그냥 가라앉는다.

또 다른 방법은 추출할 때 서버(sever)에 담겨진 원두커피에서 거품이 생기는데 쉽게 꺼지면 오래된 원두이다. 하지만 이 방식은 정확히 판단하기 어렵다.

드립 커피

• 에스프레소 원두

에스프레소도 마찬가지로 원두를 드립 추출 방식의 굵기로 갈아서 드리퍼에 담고 물을 적셔보면 찐빵처럼 부풀어오른다.

또 다른 방법은 에스프레소 그라인더에 넣고 에스프레소 굵기로 분쇄하여 머신으로 샷잔에 추출하여 보면 골든 크레마(golden crema)가 생기는데 크레마가 최소 3mm 이상 되어야 신선한 커피이다.

에스프레소

이 크레마에 티스푼으로 설탕을 부어보면 골든 크레마 위에 1~2초 정도 머문 후 가라 앉는다. 이 커피는 커피 향을 가득 품고 있는 신선한 커피이다.

• 향 원두커피

향 커피에는 신선한 커피가 없다.

그 이유는 커피를 볶아서 별도의 맛을 지닌 향 원액을 커피에 넣고 섞어서 5일 이상 숙성시켜 만들어 내기 때문이다. 향 커피를 구입하여 맛이 진하면 일반 원두와 섞어 사용하여도 좋다.

한 가지 주의할 점은 이때 사용되는 원두를 최저급으로 사용한다면 아무리 좋은 향을 넣더라도 맛이 떨어질 수밖에 없다.

"맛있는 커피를 구하는 것! 도자기를 선별하는 도예공의 마음으로…"

우유(milk)

카페에서 커피 못지 않게 다양하게 사용되는 것이 우유이다. 이 우유에도 여러 종류가 있다. 우유는 여러 가지 가공 공정을 거쳐 많은 종류의 제품으로 만들어지며, 응용 우유류와 유제품류로 크게 나누어진다.

■ 우유와 저지방 우유

응용 우유류를 시유(市乳 : market milk)라 하는데, 우유를 가열 살균하여 소비자가 위생상 안전하게 마실 수 있도록 적은 단위 용량으로 포장한 것이다.

우유의 살균법에는 병원 미생물은 완전히 없애지만 일반 미생물은 약간 남게 하는 저온 살균(파스퇴르 살균)과 모든 미생물을 포자까지 포함하여 완전히 살균하는 완전 살균이 있다.

조건에 따라 조금씩 다르나 보통 10℃ 이하에서 보존해도 제조 후 3~5일 정도밖에 가지 않는다. 완전 살균한 우유는 균이 전혀 없이 진공 포장한 것이기 때문에 6개월 이상 보존이 가능하다.

저지방 우유는 지방을 적게 포함하고 있다는 것이 다를 뿐이고 보존 가능 기간
은 일반 우유와 같다. 이들 우유가 가지고 있는 맛이 각각 다르므로 맛에 대해 직
접 테스트해 보는 것이 좋다. 최근에는 저지방 우유를 원하는 고객이 많아지고 있
으므로 추가 메뉴로 넣어도 좋다.

■ 휘핑 우유

휘핑 우유는 메뉴의 장식이나 맛을 내기 위해 사용하는
데 종류가 다양하다. 일단 식물성 휘핑 우유와 동물성 휘
핑 우유로 구분된다. 동물성의 경우 느끼한 맛이 강하기
때문에 식물성을 권한다.

식물성 휘핑 우유도 가당과 무가당이 있다. 어느 것을
사용하여도 무방하지만 무가당일 경우 향 시럽이나 초콜릿 가루를 추가하여 다양한
장식이 가능하다.

휘핑 우유는 제품 구입시 판매상에게 사용 방법을 잘 확인하고 보관해야 한다.
어떤 것은 실온에서 보관하다가 사용하기 전 냉장고에 넣어 차게 한 다음 사용하
는 우유가 있고, 아예 냉동실에 보관하다가 사용하기 전 냉장고로 옮겨 녹인 후 사
용하는 우유가 있다.

상온에서 보관하는 휘핑 우유를 냉동실에 보관한다든지, 냉동실에 보관하여야 할
휘핑 우유를 상온에서 보관한다든지 하면 상하기 때문에 주의해야 한다.

티(tea)

최근 들어 티를 찾는 사람이 점점 늘고 있다. 쉽게 접할 수 있지만 티에 대하여
알아보면 만만치 않다는 것을 느낄 수 있다.

■ 홍 차

홍차는 지방질을 산화시키는 역할을 하여 다이어트를 위해 많은 사람이 즐기는
음료이다.

홍차는 옛날 중국 상인이 유럽으로 장
사를 하러 갈 때 찻잎을 배에 싣고 갔다.
그런데 적도의 더운 열기 때문에 배 안에
서 완전 발효하여 검은색으로 변한 것을
보고 버리기 아까워 뜨거운 물에 우려내
어 마시는데서 기원되었다.

- 다즐링(darjeeling tea) : 이른봄 인도 북부 히말라야 고산 지대에서 생산되는 잎으로만 가공하여 만든 홍차이다. 오렌지색을 띄며 세계 3대 홍차 중 하나이다.

- 얼그레이(earl grey tea) : 19세기 초 중국에서 지내던 Earl이라는 백작 부인이 즐겨 마셔 이름이 붙여졌다. 감귤류 껍질의 오일을 첨가하여 느끼한 음식을 먹고 난 후 마시면 좋다. 아이스 홍차를 만들 때 많이 쓰인다.

- 실론(ceylon tea) : 실론은 홍차가 유명한 스리랑카의 옛 이름으로 그 지역의 차가 맑고 투명하면서도 깔끔한 특유의 맛이 좋아 붙여진 이름이다. 과일즙이나 우유 등과 함께 마시면 맛이 좋아 즐겨 찾는 음료이다.

- 잉글리시 블랙퍼스트(english breakfast tea) : 100여 년 전 드라이스 달레(Drysdale)에 의해서 개발된 홍차로 영국 빅토리아 여왕이 즐겨 마셨다하여 잉글리시 블랙퍼스트 티로 불려졌다. 아이스티로 많이 쓰인다. 맛과 향이 강하고 카페인 함유량이 높아 아침에 마시기 적당하다.

- 아이리시 블랙퍼스트(irish breakfast tea) : 아일랜드 인들이 아침에 우유와 많은 설탕을 넣어 즐겨 마시던 차이다. 아삼티(assam tea)를 기초로 하여 진한 홍차로 만들었다.

- 잉글리시 애프터눈(english afternoon tea) : 박하, 감, 배의 향이 느껴지는 홍차로 3가지의 홍차 잎을 발효시켜 만들어지며 진한 홍색을 띤다. 맛이 부드러워 여성들이 즐기는 차이다.

- 아삼(assam tea) : 세계 최대의 차 생산지인 인도의 아삼 지역에서 재배되는 홍차 잎을 발효시켜 만든 차로 장미향이 난다. 색깔 또한 진한 붉은색을 띄고 있으며, 맛이 강해 우유를 넣어 마시면 부드럽고 향긋함을 느낄 수 있다.

■ 녹차

세계 차 시장에서 녹차가 차지하는 비율은 10%를 상회하고 있다. 대부분의 녹차는 한국, 중국, 일본에서 즐겨 마신다. 최근에는 녹차를 아주 곱게 빻아 만든 가루차에 설탕과 우유를 넣어 만든 음료가 젊은이들에게 인기를 끌고 있다.

일반적으로 티백으로 되어 있는 현미 녹차를 주로 사용하는 데 소비자들에게 외면을 당하고 있어, 최근에는 잎 녹차를 주로 사용한다. 잎 녹차는 개봉 후 빛이 통하지 않는 밀폐 용기에 담아 보관하여야 하며, 특히 습기 찬 곳은 피한다.

■ 민속 약용차

우리 조상들이 나무 열매나 뿌리, 꽃 등을 건조하여 만든 것으로 민간 요법용이나 음료용으로 즐기던 차이다.

- 유자차 : 탄수화물, 비타민 B, 비타민 C가 함유되어 있어 감기 예방이나 피부 미용에 효과가 있다.

- 모과차 : 신맛이 강한 모과는 인, 탄수화물, 칼슘 등을 포함하고 있으며 기관지염, 당뇨, 소화 불량에 효과가 있다.

- 생강차 : 탄수화물, 단백질, 지질, 무기질, 비타민 A, 비타민 B가 풍부하여 간장 활동을 원활하게 하고 이뇨 작용을 돕는다.

- 인삼차 : 단백질, 무기질, 비타민 B가 풍부하다. 인삼이 가지고 있는 사포닌(saponin) 성분은 항암 효과가 있으며 원기를 증진시켜 준다.

- 둥굴레차 : 칼슘과 단백질을 다량 함유하고 있어 뼈를 튼튼하게 해 주고 당뇨병, 동맥경화를 예방하고, 간 기능을 보호해 주는 역할도 한다.
- 구기자차 : 인, 탄수화물, 단백질, 비타민 A, 비타민 C가 주성분이다. 강장, 혈압 조절, 해열, 피부 미용에 좋으며, 지방간이나 당뇨병에도 효과가 있다.
- 꿀차 : 성분의 대부분이 당질이며 미네랄, 효소, 비타민 B 등이 많은 알칼리성으로 위장 강화, 피로 회복, 피부 미용에 효과가 있다.

■ 허브차

- 라벤더(Lavender) : 발모 촉진, 방충, 살균, 숙면, 정신 안정, 진정 작용에 효과가 있다.
- 레몬밤(Lemon Balm) : 강장 작용, 궤양, 발한, 복통, 생리통, 생리 촉진, 세정, 진정, 탈모 방지, 피로 회복, 해독(독버섯 등)에 효과가 있다.
- 로즈메리(Rosemary) : 기억력 증진, 집중력 강화, 노화 방지, 두통, 비듬 억제, 살균, 세정, 피로 회복, 혈행 촉진에 효과가 있다.
- 페퍼민트(Peppermint) : 구충, 살균, 항균, 타박상, 피부염, 가려움증에 효과가 있다.
- 카밀레(Camomile) : 감기 예방, 건위, 발한 작용, 방부, 불면증, 소염 작용, 진정 작용, 피로 회복, 피부 정화에 효과가 있다.
- 타임(Time Herbal) : 감기 예방, 인후통, 건위 작용, 구취 제거, 방부, 살균, 신경 질환, 탈모 방지, 피부병, 항균 작용, 호흡기 장애에 효과가 있다.
- 펜넬(Fennel) : 갱년기 장애, 수유 촉진, 소화 촉진, 체증, 스트레스에 효과가 있다.
- 레몬버베나(Lemon Verbena) : 진정과 소화 촉진, 이뇨 촉진, 기관지를 부드럽게 하고 소화 촉진에 효과가 있다.

• 히비스커스(Hibiscus) : 감기나 먼지로 인한 목의 통증 해소, 이뇨 작용, 숙취 해소에 효과가 있다.

■ 기타 부재료

나머지 재료들은 제조사별로 품질에 큰 차이가 없으므로 목록만 나열한다.

재 료	내 용
초콜릿 소스	메뉴의 베이스나 데커레이션용으로 사용한다. [관련 메뉴] 초콜릿 종류, 모카 종류
화이트 초콜릿 소스	메뉴의 베이스나 데커레이션용으로 사용한다. [관련 메뉴] 화이트 모카
캐러멜 소스	메뉴의 베이스나 데커레이션용으로 사용한다. [관련 메뉴] 캐러멜 모카
시나몬 가루	카푸치노의 맛과 데커레이션으로 사용한다.
초콜릿 가루	모카 종류의 음료나 초콜릿 음료의 베이스로 사용한다.
딸기 시럽	음료 데커레이션용으로 사용한다. [관련 메뉴] 프루트 칵테일, 과일빙수, 칵테일류
멜론 시럽	음료의 재료 및 데커레이션용으로 사용한다. [관련 메뉴] 과일빙수, 멜론소다
그레나딘 시럽	밝은 석류색의 시럽으로 음료 데커레이션용으로 사용한다. [관련 메뉴] 그레나딘 후라페, 쉘우템플
탄산소다	각종 음료의 주재료로 사용한다. 스프라이트와 같은 음료를 대신 사용하는 경우가 많다. 그 밖에 토닉 워터와 카린스 등이 있다.
판 초콜릿	초콜릿 가루를 뿌려 장식할 곳에 야채 껍질 벗기는 칼로 긁어내면 예쁜 데커레이션용으로 사용이 가능하다.
탄산음료	콜라, 사이다 등이 있다.

아이스크림	각종 메뉴의 베이스나 주재료로 사용한다. [관련 메뉴] 주스, 스무디, 셰이크, 아이스크림
과 일	신선한 과일을 별도로 구입하거나 매일 일정 양을 배달해 주는 업자를 선택하여 사용한다.
프루트 칵테일	
플레인(plain) 요구르트	메뉴의 첨가제로 사용한다.
설 탕	
액상 프림, 프림	
라임 주스	음료를 만들 때 특유의 맛을 낸다.
레몬가루	메뉴의 주재료나 첨가제로 사용한다. [관련 메뉴] 레모네이드, 스무디, 스쿼시 등
레몬 주스	메뉴의 주재료나 첨가제로 사용한다. [관련 메뉴] 레모네이드, 스무디, 스쿼시 등
스무디 베이스	
향 시럽	
녹차 가루	

“맛뿐만 아니라 효능까지도 생각하여 재료 구입을 하자.”

Making Menu

03 메뉴 만들기

카페에는 판매하는 것이 몇 가지 있다. 첫째는 커피이고, 차, 주스, 서비스, 분위기 등 다양한 메뉴가 있다. 이들을 일반 회사로 말하면 상품인 것이다. 어느 회사든지 최고 품질의 상품을 시장에 내놓고 판매하기 위해 최선을 다한다. 이는 기업이 이윤을 남기고 성공하기 위해서이다.

메뉴를 고객의 입장에서만 생각하여 준비하게 되면 이익이 적어질 것이고, 카페의 이익만 생각한다면 고객이 원하는 메뉴와 상당한 차이가 있을 수 있다.

고객의 입장에서는 음료의 맛과 건강, 분위기 등이 중요하며, 카페의 입장에서는 시설과 장비, 직원의 기술, 메뉴의 원가, 상품에 대한 서비스 체계가 중요하다.

고객은 끊임없이 변화하고 새로운 것을 추구하므로 고객의 요구에 민감하게 대처하여야 한다. 이러한 욕구에 부응하지 못하면 서서히 도태하게 된다. 하지만 새로운 메뉴를 아무런 계획 없이 만들어 내게 되면 고객으로부터 외면당하게 되므로 주의가 필요하다. 시장 상황을 충분히 파악하기 위하여 새롭게 형성되는 메뉴의 형태는 무엇인지 파악하고, 이에 적합한 계획을 수립하여 메뉴를 개발하여야 한다.

성공하는 카페가 되기 위하여 꼭 필요한 맛있는 '메뉴 만들기'에 대하여 알아보자.

"품질 향상, 고객 감동, 신제품 개발의 기본은 메뉴 만들기부터…"

커피 메뉴

붕어빵에는 붕어가 없지만 커피점에는 반드시 커피가 있어야 한다. 최근에는 카페에 주스와 빙수, 케이크 등 다양한 메뉴가 준비되어 있지만 역시 가장 중요한 메뉴는 당연히 커피이다.

커피 메뉴를 만들어 내는 방법은 드립 방식과 사이펀(siphon) 방식, 에스프레소 방식 등이 대표적이다. 드립 방식과 사이펀 방식은 스트레이트 커피나 소위 말하는 일반 원두커피를 추출하는데 적합하고, 에스프레소 방식은 요즘에 즐겨 찾는 카페라테, 모카 등에 적합하다.

■ 드립 방식

드리퍼를 이용한 커피는 18세기 초에 프랑스에서 천 주머니로 만든 자루에 커피를 담아 뜨거운 물을 부어 마시는 데서 유래가 되었는데, 최근에 사용하는 종이 필터에 의한 방식은 독일의 멜리타라는 사람이 개발하여 보급되었다.

드립 세트

일반적으로 브로워라는 업소용 추출기기를 사용하여 대량으로 추출하지만 추출된 커피가 30분 이내에 모두 소비될 수 없다면 가정용 커피 메이커 10인분 정도를 사용하는 것이 효율적이다. 이때 브로워나 커피 메이커는 커피 종류별로 준비한다.

고객이 많지 않다거나 혹은 정성을 다하는 커피를 제공하고자 한다면 핸드 드립 방식을 이용하는 것이 좋다. 드리퍼와 거름종이, 서버, 드립용 주전자가 있으면 최고 수준의 맛있는 원두커피를 추출할 수 있다.

• 핸드 드립하여 커피 추출

핸드 드립은 상당한 정성이 들어가는 커피 추출 방식이며, 추출하는 사람에 따라 맛의 차이가 나기도 한다. 이렇게 정성을 들인 커피는 일반적인 추출 방식보다 정성과 맛을 높일 수 있어 좋은 고객 서비스가 될 수 있다.

드립을 하기 위해서 먼저 신선한 원두커피를 그라인더에 넣고 간다. 굵기는 1~2mm 정도가 적당하다. 이때 에스프레소용이 아닌 일반 그라인더를 사용한다. 향 커피용 그라인더와 구분하여 사용하여야 한다.

여과지의 아랫부분과 옆 부분에 5mm 정도의 딱딱한 부분을 엇갈리게 접는다. 원두커피를 1잔에 10g(1잔 : 각 10g, 2잔 : 각 9g, 3잔 : 각 7g, 4잔 : 각 6g) 정도 넣고 평평하게 편다.

끓인 물(96℃ 정도)을 가운데서부터 원을 그리며 2~3바퀴 정도 돌려 원두 전체가 젖을 정도로 부어 준다. 약 5초 정도 후부터 원두는 찐빵처럼 부풀어오른다. 이를 불림 과정이라 하는데 좋은 커피 맛을 추출하는데 중요하다.

참고로 볶은지 오래된 커피는 잘 부풀지 않는다. 부풀어오른 커피가 전체적으로 꺼지기 시작할 때 2차로 물을 일정한 양씩(3mm의 두께) 원을 그리며 부어 준다. 이때는 커피를 넣었던 높이의 2배까지 물을 붓는다.

물이 빠져 처음 커피 높이까지 되었을 때 3번째 물 붓기를 한다. 2번째 물 붓기와 같이 원을 그리며 부어 준다. 이때 커피 높이는 처음 커피를 담았던 높이의 2배 반까지이다.

여과지의 물이 거의 빠질 무렵 드리퍼를 서버에서 떼어야 한다. 끝물은 커피 성분 중 카페인이 많이 함유되어 있기 때문이다.

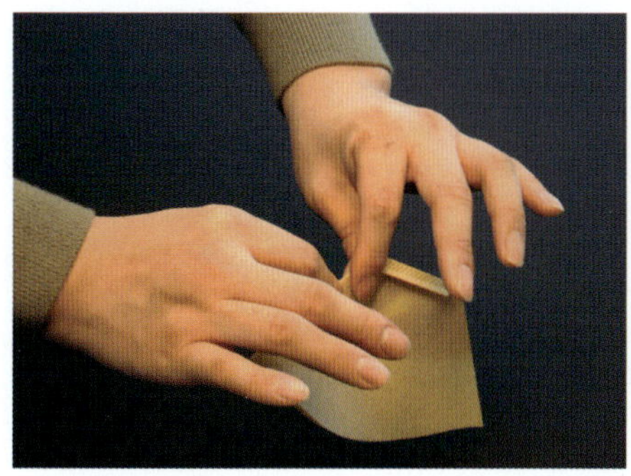

• 넬 드리퍼를 이용한 커피 추출

넬 드립 방식은 드립 방식의 커피 추출하는 방법과 동일하다.

드리퍼를 이용한 추출 방식의 기원이 되는 방식으로 융으로 된 필터를 사용하여 추출하는데, 융으로 되어 있기 때문에 커피와 함께 커피기름까지 함께 추출할 수 있어 독특한 맛과 새로운 연출로 고객들에게 색다른 서비스를 제공할 수 있다. 하지만 융은 세척과 관리에 상당한 어려움이 있어 카페에서는 거의 사용하지 않는다.

"다양한 커피 추출 방법을 아는 것은 바리스타(baristar)가 되는 첫걸음이다."

■ 사이펀(siphon) 방식

커피 추출하는 과정을 직접 고객에게 보여줌으로써 새로운 즐거움을 주는 방식이다.

최근 들어 이 사이펀 방식을 이용하여 커피를 추출하여 제공하는 카페들이 생기고 있다.

① 중배전(medium roasting)이나 중강배전(medium-high roasting)을 한 원두를 0.5mm 정도로 분쇄하

여 로드에 넣는다(1잔에 10g, 2잔에 18g 정도).

② 먼저 플라스크에 뜨거운 물을 넣고 램프에 불을 붙여 끓인다.

③ 물이 끓으면 로드를 플라스크에 꽂는다.

④ 플라스크에 들어있는 물이 로드로 올라오면 저음막대로 저어 준다.

⑤ 커피에서 기포가 발생하여 흰색으로 바뀌면 불을 빼내고 기다린다.

⑥ 로드에 있는 커피 추출액이 빠른 속도로 플라스크에 옮겨가게 되면 로드를 빼내고 커피를 컵에 담는다.

■ 에스프레소 방식

에스프레소는 강하고 진하게 볶은 커피를 사용하여 에스프레소 머신에 넣고 18~30초 동안 약 30ml의 커피를 추출한 것을 말한다. 최근에는 세계적으로 인기 있는 커피 음료가 되었다. 우리나라에서도 많은 에스프레소 전문 하우스들이 생겨났으며, 앞으로도 지속적으로 발전해 나갈 것이다.

커피 공급자에게 어디에 사용할 원두인지 충분히 설명하고, 에스프레소용에 맞는 신선한 원두를 구입하는 것이 가장 중요하다.

커피 추출

• 원두 분쇄하기

에스프레소용 원두를 전용 그라인더에 담고 분쇄한다. 분쇄할 때 원두의 크기는 0.3mm 이내이어야 하며 분쇄된 원두의 굵기는 일정하여야 한다.

그라인더를 비싸다는 이유로 성능이 좋지 않은 것을 구입하여 사용한다면 좋은 에스프레소를 추출하기 어렵다.

커피를 분쇄할 때 주의할 점은 장마철이나 습기가 많을 때, 원두의 상태가 바뀌었을 때는 제대로 추출될 수 있도록 그라인더의 커피 굵기를 반드시 조절하여야 한다. 또한 맛있는 커피를 추출하려면 가능한 한 필요한 양만 분쇄하고, 분쇄 후 바로 추출하여야 한다. 분쇄를 하고 나면 커피의 향은 휘발성 성분으로 나오게 되는데 공기와 접촉되는 순간 날아가기 때문이다.

• 원두 분쇄 방법

① 구입한 커피는 개봉하여 반나절 사용분만 그라인더 윗부분인 호퍼(hopper)에 덜어 사용한다.

② 우선 추출하고자 하는 커피 양에 맞게 필요한 양만큼만 분쇄한다. 1잔의 커피를 추출하기 위해서는 7~8g이 적당하고, 2잔의 에스프레소를 추출하기 위해서는 14g의 커피가 적당하다.

③ 에스프레소에 적당하게 분쇄된 커피는 원두 보관함인 더져(doser)에 담기게 된다.

④ 더져에 담겨진 커피는 공급 레버를 앞쪽으로 잡아당기면 배출된다.

• 굵기 조절 방법

원두를 분쇄하여 추출할 때 추출되는 속도가 너무 빠르면 커피의 굵기가 굵은 경우이고, 너무 느리게 추출되면 굵기가 가는 경우이다. 굵기 조절하는 방법은 기종에 따라 다르므로 구입 업체에 문의한다.

• 탬핑하기(다지기)

많은 카페나 테이크 아웃 커피점에서 탬핑을 소홀히 하여 커피를 추출하는 경우가 있는데, 탬핑은 커피 맛을 좌우하는 중요한 부분 중 하나이다.

분쇄된 커피를 포터 필터에 담아서 탬핑하여 반드시 다진 후 일정 온도(93℃)의 물이 9bar의 압력으로 커피를 지나갈 때 최고 맛의 에스프레소가 탄생하기 때문에 어느 한부분도 소홀히 할 수 없다. 탬핑이 서툴면 커피 추출되는 시간이 짧거나 길어져 커피 맛에 치명적인 손상을 입히게 된다.

'템핑하기'를 순서대로 자세하게 알아보자.

① 더져(doser)에서 배출되는 커피는 뜨겁게 달궈진 포터 필터에 받아낸다. 1샷 포터 필터나 2샷 포터 필터의 바스켓은 적당량이 담길 수 있도록 설계되어 있기 때문에 넘치더라도 상관이 없다.

② 커피가 포터 필터에 가득 차면 꺼내어 포터 필터의 높이에 맞게 손이나 더져 뚜껑으로 포터 필터의 바스켓에 비어 있는 부분이 없도록 평평하게 깎아 낸다.

③ 포터 필터의 커피는 그라인더에 부착되어 있는 보조 템퍼를 이용하여 2~3kg의 힘으로 눌러 준다. 보조 템퍼가 부착되어 있지 않은 그라인더의 경우 템퍼를 이용하여 눌러 준다. 이때 템퍼는 움직임 없이 눌러 주어야 한다.

④ 템퍼의 뒷부분으로 포터 필터의 옆부분 양쪽을 '톡톡' 쳐 준다. 이 때 주위로 밀려나온 커피가루가 안으로 모이게 된다.

⑤ 다시 템퍼를 바로 잡고 약 13~15kg의 힘으로 눌러 준다. 이때 포터 필터를 양쪽으로 회전하면서 눌러 준다.

⑥ 이때 표면을 만져보면 약간 딱딱한 정도가 되어야 한다. 표면이 쉽게 들어간다면 템핑이 잘못된 것이다.

"잘못된 템핑은 커피 맛에 치명적인 영향을 준다."

• 커피 추출하기

맛있는 에스프레소 추출을 위한 몇 가지 요소는 맛있는 커피 원두, 뜨겁게 달궈진 포터 필터, 92~96℃의 신선한 물(연수기와 정수기에 걸러진 물)이다.

신선한 커피를 에스프레소용으로 분쇄하여 탬핑한 후 에스프레소 머신에 끼워 추출한다.

① 커피가 담긴 포터 필터를 에스프레소 머신의 커피 추출구에 끼운다. 끼울 때는 포터 필터의 손잡이를 왼쪽으로 45° 돌린 후 지면과 수평이 되게 하여 헤드 부분에 끼워 넣는다.

② 커피 추출 버튼을 눌러 추출한다.

③ 에스프레소 1oz를 추출할 때 걸리는 시간은 18~30초 정도가 가장 적당하다. 이때 추출되는 커피는 마치 따뜻한 꿀이 흐르듯 흘러내려야 한다. 추출 시간이 18초 미만이면 커피의 굵기가 너무 굵거나 탬핑을 약하게 한 것이고, 추출 시간이 30초가 넘어가면 커피의 굵기가 너무 미세하거나 탬핑을 강하게 한 것이다. 가장 적당한 시간은 23초이다.

④ 추출이 완료되면 포터 필터를 커피 추출구에서 빼내어 포터 필터 동그란 부분의 끝부분을 찌꺼기 통의 막대부분에 툭 쳐서 커피 찌꺼기를 모두 빼낸다.

⑤ 커피 추출 버튼을 눌러 물이 흐르면 포터 필터를

씻는다. 커피가 추출되고 난 후 커피 추출구와 포터 필터에 커피 찌꺼기가 남아있기 때문에 매번 씻어야 좋은 맛의 커피를 제공할 수 있다.

⑥ 씻어낸 포터 필터는 커피 추출구에 끼워 놓아 항상 뜨겁게 유지되어야 맛있는 커피를 만들 수 있다.

• 거품내기

거품내기는 에스프레소 계열의 커피를 만드는데 가장 어려운 과정 중 하나로 많은 연습이 필요하다. 맛의 반은 우유 거품에서 나온다고 할 수 있다.

① 우유를 용기에 따른다.

필요한 용량의 신선한 우유를 피처에 따른다. 피처와 우유의 선택도 거품을 내는데 도움이 되고 맛을 좌우하므로 선택하는데 주의가 필요하다(우유와 우유 피처는 항상 냉장고에 보관한다).

② 증기를 품어 준다.

스티밍을 하기 전 증기가 통과하는 관과 노즐은 실온의 상태이다. 스팀 노즐을 열어주게 되면 스팀관 노즐의 온도차에 의해서 물방울이 생기기 때문에 처음 약 2초 동안은 스팀을 그냥 방출해 관과 노즐에 있는 물방울을 제거하지 않으면 우유가 물방울로 인해 옅어진다.

③ 노즐을 가라앉힌다.

한 손으로 피처를 잡은 후 노즐의 손잡이를 다른 손으로 잡아 피처 안으로 넣어 가라앉힌다. 노즐의 끝 부분은 우유 표면에서 5mm 정도 잠기기 시작해야 한다.

이때 강력한 증기의 힘으로 우유가 날릴 수 있으니 주의한다. 거품을 일게 하는 것은 한 손에서도 할 수 있지만, 손바닥을 가끔 용기에 대어 온도의 상승 상태를 확인하여야 적당한 온도를 점검할 수 있다.

④ 증기를 완전히 배출한다.

노즐을 잡은 손으로 머신의 밸브를 열어 증기를 품어 낸다. 이때 증기 밸브를 완전히 열어 방출하지 않으면 거품도 잘 나지 않을 뿐더러 소리도 크게 난다.

⑤ 노즐을 표면 5mm 깊이에서 약 1~5초 동안 공기를 포함하게 한다.

노즐을 약 5mm 위치에 두고 스티밍을 하면 우유의 표면이 움푹 패여 표면의 우유가 증기의 힘으로 내부로 빨려 들어가면서 공기를 우유 안으로 넣게 된다. 이때 어떤 메뉴를 만드느냐에 따라 스팀 노즐을 1~5초 정도 유지하여야 한다.

공기가 우유 안으로 들어가면 우유 표면의 높이가 올라가므로 스팀 노즐이 잠기지 않도록 우유 피처를 조금씩 내려 준다. 이때 '츄츄츄' 하는 소리가 난다.

- 스티밍(steaming) 우유 : 표면에서 공기를 넣어주는 시간을 1~2초 동안(카페라테를 대표로 대부분의 메뉴에 사용)
- 포밍(foaming) 우유 : 표면에서 공기를 넣어주는 시간을 3~5초 동안(주로 카푸치노를 만들 때 사용)

⑥ 노즐을 약 1cm 깊이 넣어 회전시킨다.

공기가 충분히 우유에 들어가면 스팀 노즐을 약 1cm 깊이 넣어 노즐 끝 부분을 피처의 측면으로 가까이 하여 우유 전체를 회전시키는데, 이때 우유의 온도가 너무 높이 올라가지 않도록 주의한다.

⑦ 증기를 멈춘다.

우유의 온도가 65~75℃ 정도되면 스티밍을 멈추어야 한다. 온도계를 사용하고 있다면 65℃를 넘은 시점에서, 그렇지 않으면 용기에 손을 대 보아 손이 뜨거워 1초 이상 댈 수 없을 정도의 시점에서 증기를 멈춘다.

소리에도 변화가 생기는데 맑았던 소리가 저음의 부드러운 소리로 바뀌면 적절한 온도이다. '부글부글' 소리가 나면 온도가 높아 끓게 되어 우유 거품이 커지고 쉽게 깨진다.

⑧ 노즐을 청소한다.

증기를 멈추어 노즐을 뽑아낸다. 우유가 굳기 전에 메뉴를 만드는 것도 중요하지만 곧바로 노즐 청소를 하여야 한다.

노즐을 손질하지 않으면 스팀 밸브를 잠글 때 순간적으로 빨려 들어간 미량의 우유가 뜨거워진 스팀 밸브로 인해 내부에서 굳어져 안좋은 냄새의 원인이 된다.

우선 행주로 스팀 밸브를 닦아주고 난 후 2~3회 스티밍해 내부의 남은 우유를 배출해 준다. 수건으로 노즐을 잡은 상태에서의 스티밍은 절대 금물이다.

물이 들어있는 컵에 노즐을 담아서 스티밍하는 것도 좋은 방법이다.

⑨ 바닥에 두드린다.

스티밍을 한 우유 피처를 바(bar) 테이블에 행주를

깔고 용기의 바닥 뒷부분을 톡톡 쳐주면 진동으로 위의 큰 거품이 깨지고, 피처를 잡고 휘휘 돌리면 안에 있는 큰 거품이 위로 올라온다.

다시 톡톡 두드린다. 그러고 난 후 컵에 따르면 맛있는 메뉴를 만들 수 있다.

■ 에스프레소 기본 메뉴

- 에스프레소(Espresso) : 단순히 에스프레소 1.5oz를 말한다(설탕을 2tsp 정도 넣으면 좋다).

- 에스프레소 리스트레토(Espresso Ristretto) : 에스프레소를 1oz보다 약간 적게 추출한다.

- 에스프레소 도피오(Espresso Doppio) : 2잔의 리스트레토를 합한다.

- 에스프레소 마키아토(Espresso Macchiato) : 에스프레소 위에 우유 거품을 올린다.

- 에스프레소 콘파냐(Espresso Conpanna) : 에스프레소 위에 생크림을 올린다.

- 아메리카노(Americano) : 에스프레소에 뜨거운 물을 넣어 준다.

- 카푸치노(Cappuccino) : 에스프레소 위에 뜨거운 우유와 풍부한 우유 거품을 부어 준다(계핏가루를 뿌려 맛을 낸다).

- 카페라떼(Café Latte) : 에스프레소 위에 뜨거운 우유를 부어 준다(다양한 향 시럽을 첨가하여 맛을 낼 수 있다).

■ 에스프레소 메뉴 만들기

에스프레소 마키아토

[재료] 에스프레소 1.5oz, 우유 거품
① 에스프레소 1.5oz를 컵에 담는다.
② 우유를 스티밍(steaming)하여 위에 우유 거품만 4티스푼 정도 올려 준다.

에스프레소 꼰파냐

[재료] 에스프레소 1.5oz, 휘핑크림
① 에스프레소 1.5oz를 넣는다.
② 휘핑크림을 1oz 정도 위에 올려 준다.

카페라테

[재료] 에스프레소 1.5oz , 우유 150ml
① 잔에 에스프레소 1.5oz를 넣는다.
② 찬 우유 150ml를 스티밍(steaming)하여 에스프레소가 담겨져 있
　는 컵에 따른다.
③ 고객이 단맛을 원할 경우 에스프레소가 담긴 컵에 설탕을 미리 넣
　어 둔다.

카푸치노

[재료] 에스프레소 2oz, 우유 175ml, 계핏가루
① 에스프레소 2oz를 넣는다.
② 계핏가루를 뿌린다.
③ 찬 우유 175ml를 거품이 많이 나오도록 포밍(foaming)하여 에스
　프레소가 담겨져 있는 컵에 우유만 천천히 따른다.
④ 우유가 모두 나오면 피처에 남아 있는 거품을 한꺼번에 부어 올린다.
⑤ 계핏가루를 뿌려 장식한다.

카페모카

[재료] 에스프레소 2oz, 우유 150ml, 코코아, 휘핑크림, 초콜릿 가
　　　루, 초콜릿 시럽
① 컵에 초콜릿 가루 10g을 넣어 준다.
② 에스프레소 2oz를 넣는다.
③ 찬 우유 150ml를 스티밍하여 에스프레소가 담겨져 있는 컵에 따
　른다.
④ 컵 주위에 시계 방향으로 돌려가며 휘핑크림을 채운다.
⑤ 초콜릿 가루, 계핏가루, 초콜릿 시럽으로 장식한다.

아이스 커피

[재료] 에스프레소 1.2oz, 얼음, 물
① 각 얼음 6개를 컵에 담는다.
② 에스프레소 3/4oz를 컵에 넣는다.
③ 차가운 물을 넣는다.
④ 얼음 2개를 분쇄하여 컵 위에 올려 준다.

아이스 카페라테

[재료] 에스프레소 2oz, 우유, 얼음
① 각 얼음 6개를 컵에 넣는다.
② 에스프레소 2oz를 추출하여 컵에 넣는다.
③ 차가운 우유를 채운다.
④ 얼음 2개를 분쇄하여 컵 위에 올려 준다.

아이스 모카

[재료] 에스프레소 2oz, 우유 125ml, 코코아 가루, 초콜릿 시럽, 초
        콜릿 가루, 휘핑크림, 얼음
① 얼음 1개와 에스프레소 2oz를 추출하여 컵에 넣는다.
② 코코아 가루 15g이나 초콜릿 시럽 1oz를 넣어 잘 저어 준다.
③ 분쇄한 얼음 3개와 우유 125ml를 브랜딩하여 컵에 따른다.
④ 휘핑크림, 초콜릿 가루, 초콜릿 시럽을 뿌려 장식한다.

너바나 셰이크

[재료] 에스프레소 2oz, 아마레또 시럽 1/2oz, 초콜릿 시럽 1/2oz,
        요구르트 1개, 얼음
① 셰이커에 얼음과 에스프레소, 요구르트, 아마레또 시럽, 초콜릿 시
        럽을 넣은 후 셰이킹한다.
② 컵에 얼음을 분쇄하여 채우고 셰이킹 한 음료를 따른다.
* 아마레또의 독특한 향이 특징이다. 초콜릿 시럽을 적당히 넣어 너무
        달지 않게 마시면 더욱 맛을 느낄 수 있다.

아이리시 커피

[재료] 에스프레소 1oz, 아이리시 위스키 20ml, 휘핑크림, 굵은 황설탕, 뜨거운 물, 레몬즙

① 접시에 굵은 황설탕을 뿌려 놓는다.
② 레몬즙을 잔 입구에 골고루 바르고 ①에 찍어 황설탕을 살짝 묻힌다.
③ 에스프레소 1oz를 설탕이 흐트러지지 않도록 조심스럽게 붓는다.
④ 설탕 1스푼 반 정도를 넣고 저은 다음, 아이리시 위스키를 넣고 뜨거운 물을 붓는다.
⑤ 휘핑크림을 올려 마무리한다.

커피플롯

[재료] 에스프레소 1oz, 설탕 1스푼, 생크림 30ml, 바닐라 아이스크림 1스푼, 콜라 100ml, 초콜릿 시럽

① 콜라를 컵에 붓는다.
② 에스프레소와 생크림을 잘 섞어 컵에 붓는다.
③ 바닐라 아이스크림 1스푼을 넣는다.
④ 취향에 맞게 초콜릿 시럽을 뿌린다.

생과일 메뉴

최근에는 카페의 메뉴가 다양해지고 있다. 그 중 가장 각광받는 메뉴가 생과일 주스이다.

딸기 스무디

[재료] 신선한 딸기를 얇게 썰어 얼린 것 3~4개, 바닐라 아이스크림 1oz, 우유 혹은 물 100ml, 설탕 시럽 1oz, 얼음 7조각

① 모든 재료를 브랜더에 넣고 간다.
② 약 20초 동안 브랜딩한 후 섞인 스무디를 서빙한다.

키위 스무디

[재료] 키위를 0.5cm 간격으로 썰어서 얼린 것 2개, 바닐라 아이스
크림 1oz, 우유 혹은 물 100ml, 설탕 시럽 1oz, 얼음 7조각
① 모든 재료를 브랜더에 넣고 간다.
② 약 20초가 지난 후 섞인 스무디를 서빙한다.

오렌지 주스

[재료] 오렌지 1개 반, 얼음 3개, 설탕 약간(오렌지를 다듬을 때는 칼
로 과일을 깎듯이 속껍질까지 벗겨 낸다.)
① 브랜더에 오렌지를 넣고 액상이 될 때까지 간다.
② 컵에 얼음 2~3개를 넣고 브랜딩 한 주스를 담아 서빙한다.

딸기 주스

[재료] 중간 크기의 딸기 4개, 얼음 3개, 설탕 약간, 물 20ml, 바닐
라 아이스크림 약간
① 브랜더에 딸기와 물, 바닐라 아이스크림, 얼음을 넣고 액상이 될 때
까지 간다.
② 컵에 얼음 2~3개를 넣고 브랜딩 한 주스를 담아 서빙한다.

무알코올 메뉴

더운 여름 메뉴 중 여성들이 가장 많이 찾는 음료로, 시원하고 상큼한 맛이 기분
전환용 음료로 적당하다.

레모네이드

[재료] 레몬 주스 15ml, 레몬 가루 0.5oz, 탄산수 200ml, 얼음, 멜론 시럽, 딸기 시럽

① 주스잔에 레몬 가루 0.5oz를 넣는다.

② 레몬 주스를 레몬 가루가 젖을 정도로 붓는다.

③ 스푼으로 저어 주고, 탄산수를 200ml 정도 넣는다.

④ 얼음 2조각을 넣고 레몬 장식을 한 후, 멜론 시럽이나 딸기 시럽을 한방울 넣어 마무리한다.

* 멜론, 딸기 시럽은 장식을 위해 넣는다.

오렌지에이드

[재료] 오렌지 1개, 탄산수 200ml, 얼음

① 컵에 얼음 2개를 넣고 탄산수를 붓는다.

② 오렌지를 즙 짜개에 짜준다.

③ 짜놓은 오렌지를 컵에 조심스럽게 붓는다.

④ 얼음 2개를 분쇄하여 위에 뿌려 준다.

파인애플 스파클

[재료] 파인 주스 150ml, 탄산수 150ml, 레몬, 체리, 멜론 시럽, 얼음

① 얼음 2개를 넣고 탄산수를 넣어 준다.

② ①에 파인 주스를 넣고 스푼으로 저어 준다.

③ 레몬이나 체리로 장식하고, 멜론 시럽을 1방울 떨어뜨려 준다.

* 탄산수가 들어가는 음료는 얼음을 먼저 주스잔에 넣는 것이 거품도 넘치지 않고 만들기가 수월하다.

그레나딘 후라페

[재료] 라임 주스 0.3oz, 레몬 가루 3g, 탄산수 200ml, 그레나딘 시럽, 얼음

① 라임 주스를 0.3oz 정도 주스잔에 넣는다.

② 레몬가루 3g를 넣고 스푼으로 저어 준다.

③ 탄산수를 붓고 분쇄 얼음을 가득 채운다.

④ 그레나딘 시럽을 진하게 색상이 날 정도로 넣고, 레몬으로 장식한다.

* 여름철 여성들이 많이 찾는 음료이다.

커피소다

[재료] 아이스커피 100ml, 탄산수 100ml, 바닐라 아이스크림, 휘핑
　　　크림, 알체리, 초콜릿 시럽, 얼음
① 주스잔에 얼음 2조각을 넣는다.
② 아이스커피 100ml를 넣고 탄산수를 100ml 정도 넣어 준다.
③ 레몬으로 장식한다.
* 아이스커피가 사이다보다 무겁기 때문에 아이스커피를 아래에 담고
　사이다를 천천히 부어주면 예쁜 층이 생긴다.

셰리 템플

[재료] 파인 주스 100ml, 오렌지 주스 100ml, 라임 주스 0.2oz,
　　　레몬, 얼음
① 셰이커 통에 얼음 3~4조각을 넣는다.
② 파인 주스 100ml와 오렌지 주스 100ml, 라임 주스 0.2oz를 셰이
　커 통에 넣는다.
③ 셰이커를 7~8회 흔들어 준다.
④ 내용물을 주스잔에 넣은 후 그레나딘 시럽을 적당량 넣어 준다.
⑤ 레몬으로 장식한다.

* 셰이커 할 때 탄산수를 넣고 하면 탄산이 팽창하여 터지므로 탄산
　은 넣지 않는다.

바닐라 티 플롯

[재료] 아이스티 분말 30g, 물 150ml, 오렌지 슬라이스 1개, 바닐
　　　라 아이스크림, 초콜릿 시럽, 얼음
① 물에 아이스티 분말을 부어 섞는다.
② 얼음을 넣은 잔에 만들어진 아이스티를 따른다.
③ 오렌지 슬라이스를 넣는다.
④ 바닐라 아이스크림을 띄운다.
⑤ 취향에 따라 초콜릿 시럽을 첨가해 마신다.

키위 티 스쿼시

[재료] 아이스티 분말 30g, 물 100ml, 설탕 시럽 20ml, 레몬 1개,
　　　탄산수 45ml, 장식용 키위 슬라이스 2~3개, 얼음
① 잘 익은 키위 반 개를 가는 체에 내려 퓌레를 만든다.
② 퓌레에 시럽과 레몬 반 개를 즙내어 넣는다.
③ 얼음을 채운 유리잔에 따르고 아이스티를 붓는다.
④ 탄산수를 조심스럽게 넣고, 키위 슬라이스로 장식한다.

메뉴판 정리

메뉴는 심플한 것이 좋다. 기본 메뉴 20여 가지로 하고, 매 계절마다 대표할 수 있는 스페셜 메뉴를 더하는 정도가 적당하다.

여러 가지 아이디어가 있다면 매주 스페셜 메뉴를 넣어도 좋다. 이들 중 잘 나가는 것을 선택하여 다음 메뉴판을 만들 때 넣으면 좋은 효과를 볼 수 있다.

처음부터 많은 메뉴를 넣으면 만들기가 익숙하지 않아 어렵게 된다. 또한 재료를 준비해 두고 팔리지 않아 상하는 경우도 발생할 수 있다.

커피 공급자와 상의하고 시장 조사를 통하여 소비자들의 선호도를 조사한다거나, 다른 카페에 알아보아 어떤 메뉴가 어느 정도 팔리는지 계산해 보는 것도 좋다.

■ 일반 원두커피 메뉴

- 브렌드 커피(Blend Coffee)
- 콜롬비아 슈프리모(Colombia Superimo)
- 코스타리카 타라쥬(Costarica Tarrazu)
- 탄자니아 킬리만자로(Tanzania Kilimanjaro)
- 헤이즐넛(Hazel-Nut)
- 초코라즈베리(Choco-Resberry)

■ 에스프레소 응용 메뉴

- Hot Variation Coffee
  - 에스프레소(Espresso)

- 아메리카노(Americano)
- 에스프레소 콘파냐(Espresso Conpanna) : 에스프레소에 부드러운 휘핑크림을 얹은 커피
- 에스프레소 마키아토(Espresso Macchiato) : 에스프레소에 우유 거품을 얹은 커피
- 카페라테(Café Latte) : 에스프레소에 뜨거운 우유를 섞은 커피
- 카푸치노(Capucchino) : 에스프레소에 우유를 데워 섞고 난 후 위에 우유 거품을 올려 풍미를 살린 커피
- 라테 마키아토(Latte Macchiato) : 부드러운 우유와 우유 거품을 올린 후 에스프레소에 계핏가루를 얹은 커피
- 카페 모카(Café Mocha) : 에스프레소에 초콜릿 시럽과 스티밍 우유를 올린 후 초콜릿 시럽과 초콜릿 가루로 장식한 커피
- 캐러멜 넛 모카(Caramel Nut Mocha) : 에스프레소에 캐러멜 시럽, 헤이즐넛 시럽에 스티밍 우유를 부은 후 초콜릿 시럽과 초콜릿 가루를 얹은 커피
- 러브 라테(Love Latte) : 에스프레소에 우유를 넣고, 위에 하트 모양과 이니셜을 넣어주는 커피
- 비엔나(Vienna) : 아메리카노에 휘핑크림과 레인보우를 얹은 커피

- Ice Variation Coffee
  - 아이스커피(Ice Coffee) : 에스프레소에 얼음과 신선한 물을 부은 커피
  - 아이스 카푸치노(Ice Capucchino) : 에스프레소에 얼음과 우유를 넣고 위에 우유 거품을 얹은 커피
  - 아이스 카페라테(Ice Café Latte) : 에스프레소에 얼음과 우유를 넣은 커피
  - 아이스 모카(Ice Mocha) : 에스프레소에 초콜릿 시럽과 얼음, 우유를 넣고 휘핑크림을 얹은 커피

　－ 아이스 화이트 모카(Iced White Mocha) : 에스프레소에 화이트 초콜릿 시럽과 얼음, 우유를 넣고 휘핑크림을 얹은 커피

　－ 커피 플로트(Coffee Float) : 에스프레소에 아이스크림과 생크림, 레인보우를 얹은 커피

　－ 아이스 헤이즐넛(Ice Hazel-Nut) : 헤이즐넛 커피를 차갑게 추출한 커피

■ 신선한 과일 주스

- 오렌지 주스(Orange Juice)
- 키위 주스(Kiwi Juice)
- 토마토 주스(Tomato Juice)
- 딸기 주스(Strawberry Juice)
- 수박 주스(Watermelon Juice) : 계절 음료

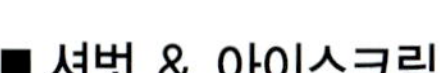

■ 셔벗 & 아이스크림

- 팥빙수(Red Bean Sherbet) : 계절 상품
- 과일빙수(Fruit Sherbet) : 계절 상품
- 커피빙수(Coffee Sherbet) : 계절 상품
- 과일 파르페(Fruit Parfait)
- 아이스크림(Ice Cream)

■ 음 료

- 밀크 셰이크(Milk Shake)
- 모카 셰이크(Mocha Shake)
- 체리 에이드(Cherryade)
- 웰치스(Welch's)
- 닥터 페페(Dr. Pepper)
- 콜라(Cock), 사이다(Cider), 우유(Milk)

- 딸기 셰이크(Strawberry Shake)
- 레모네이드(Lemonade)
- 체리 콕(Cherrycock)
- 마운틴 듀(Mountain Dew)

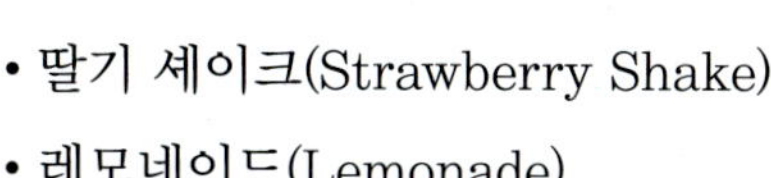

■ 과일차

- 파리 딸기(Paris Strawberry) : 정서 불안, 우울증, 스트레스, 피부 미용, 혈액 순환, 이뇨 작용, 생리 불순에 효과
- 로마 베리(Rome Berry) : 자궁 회복, 혈당 감소, 기관지염, 피로 회복, 인후염 등 애연가에 효과
- 런던 레몬(London Lemon) : 정서 불안, 주부 우울증, 스트레스, 고혈압, 동맥 경화, 주근깨 예방에 효과
- 뉴욕 사과(NewYork Apple) : 피로 회복, 피부 미용에 효과
- 리스본 코코넛(Lisbon Coconut) : 감기, 천식, 이뇨 작용, 피부 미용, 기미, 주근깨 예방에 효과
- 장미 프랑스(Rose France) : 정서 불안, 주부 우울증, 스트레스, 피부 미용, 혈액 순환에 효과
- 녹색 숲의 꿈(Green Village Dream) : 지방 분해, 해소, 수면 장애, 정서 불안, 변비에 효과
- 라베듀라(Lavandula Ocean) : 치통, 살균, 타박상, 생리통, 피로 회복, 체력 회복에 효과
- 국화와 달빛(Moonlight Chamomile) : 신경통, 피부 습진, 여드름, 피부 과민 현상, 불면증, 소화 장애에 효과
- 양지의 화원(Sunny Garden) : 피부 미용, 노화 방지, 혈액 순환, 스트레스, 우울증, 신경 안정에 효과

■ 허브차

- 카밀레(Camomile)
- 로즈힙(Rosehip)
- 페퍼민트(Peppermint)
- 로즈메리(Rosemary)
- 레몬그라스(Lemongrass)
- 라벤더(Lavender)
- 펜넬(Fennel)
- 재스민(Jasmine)

- 히비스커스(Hibiscus)
- 하이보스(Highbos)
- 애플 프루트(Apple Fruit Tea)
- 스트로베리 프루트(Strawberry Fruit Tea)
- 로즈플라워(Rose Flower)
- 오렌지 플라워(Orange Flower)
- 레몬 프루트(Lemon Fruit Tea)

■ 칵테일

- 테킬라 선라이즈(Tequila Sunrise) : 테킬라, 오렌지 주스, 그레나딘 시럽이 혼합된 칵테일로 상쾌한 남성의 칵테일
- 피나 콜라다(Pinacolada) : 럼, 파인애플, 파인 주스, 코코넛 크림이 혼합된 달콤한 칵테일로 여성의 칵테일
- 마이타이(Maitai) : 럼, 트리플 색, 라임 주스, 오렌지 주스, 파인 주스, 그레나딘 시럽이 혼합된 칵테일
- 오아시스 쿨러(Oasis Cooler) : 테킬라, 자몽, 파인 주스가 혼합된 칵테일
- 스피드 바이올레이션(Speed Violation) : 럼, 딸기, 사과 주스가 혼합된 칵테일
- 깔루아 밀크(Cgalrua Milk) : 깔루아와 우유가 섞인 부드러운 칵테일
- 와인(Wine) : 이태리의 부드럽고 향기로운 화이트 와인

■ 맥 주

- 코로나(Corona)
- 엑스필(Exfeel)
- 버드와이저(Budweiser)
- 카프리(Cafri)

■ 샌드위치

- 모닝 샌드위치(Morning Sandwich)
- 햄 치즈 샌드위치(Ham Cheese Sandwich)
- 치킨 샌드위치(Chicken Sandwich)
- 포테이토 샌드위치(Potato Sandwich)

Management

04 관 리

지난 가을에 한 카페에 가게 되었다. 우아한 분위기에 정말 잘 될만한 집이구나 생각되었다. 하지만 이런 기대는 이내 직원들의 불친절과 주방이 어수선하고 지저분한 느낌이 들어 실망으로 돌아왔다.

1년이 지난 후 다시 그곳을 가게 되었는데, 그 카페는 없어지고 다른 이름의 카페가 자리 잡고 있었다. 물론 다른 이유일 수도 있겠지만 관리에 실패하여 문을 닫은 카페라 생각된다.

회계 관리나 직원 관리, 매장 관리 등은 사업을 처음 시작하는 사람에게는 힘든 일이지만 사업이 지속적으로 발전해 나가기 위한 필수적인 요소이다.

"관리는 성공적인 사업을 지속적으로 유지하기 위한 필수 조건이다."

회계 관리

프랜차이즈를 통하여 카페 창업을 한 A씨는 본사로부터 회계 관리 지침과 기기 관리 지침, 직원 관리 지침을 받았다. A씨는 오랫동안 옷 장사를 해 본 경험이 있던 터라 본사로부터의 관리 지침은 사업에 별다른 이익이 없을 것이라 생각하고 서랍 안에 넣어 두었다.

장사도 잘되고 이익도 많이 남아 은행 이자를 모두 상환하고도 생활하기에 충분하였다. 반년 후 세무서에 보고를 하기 위해 장부를 정리해 보니 터무니없이 많은 세금을 납부하여야 할 상황이었다.

적절한 세무 회계 관리는 자신 스스로가 1인 다역을 해야 하는 카페에 있어 철저히 하기는 어렵다. 하지만 회계 관리를 제대로 하지 않으면 앞으로 남고 뒤로 손해 보는 장사가 되기 쉽다.

점포 오픈 후 매출 총이익을 극대화시킬 수 있는 마케팅 활동을 위한 자금 계획도 세워야 하고, 일반 관리비(가게 관리비, 인건비)의 최소화로 자금의 회전율과 투자에 대한 자금 회수율도 생각해야 한다. 즉, 창업자가 정확한 자금 관리를 위해 매일 모든 입출 상황을 장부에 기록할 필요가 있다.

■ 총 투자 금액

사업계획에서의 예상했던 총 투자 금액과 실제 투자 금액의 차이가 없는지 확인하여야 한다. 투자 금액에 차이가 있다면 그에 따른 감가상각비와 기회 손실 비용에 차이가 있을 것이다.

기회 비용과 감가상각비의 경우 눈에 보이지 않는 손실이기 때문에 이익이 많이 남는 것처럼 생각되지만, 실질적인 이익과 큰 차이를 보이게 되며, 실질적인 손해가 있는지도 모르고 카페를 운영하는 상황이 된다.

■ 판매 일지

모든 사업을 할 때는 꼭 매입·매출에 대한 기록을 남겨야 한다. 매입·매출 기록을 남긴다는 것은 매출이 일어날 때마다 영수증이나 세금계산서를 발행하고 발행 받아야 한다. 이런 근거 없이 거래를 하게 되면 이익이 발생하지 않았는데도 평균 세금을 납부해야 하는 상황이 발생할 수 있다.

국세청에서는 1년 동안의 매출이 1억 5천만 원이 넘는 경우는 복식부기에 의해 장부를 작성하여 회계 관리를 하여야 하며, 1년 매출액이 1억 5천만 원 미만의 경우는 간편 장부를 작성하여 관리할 수 있도록 하였다.

카페를 운영하면서 가장 좋은 방법은 매출액에 상관없이 모든 사업자가 간편 장부 방식에 의해 작성하고, 담당 세무사를 선정하여 정리하는 것이 가장 현명한 방법이다.

■ 간편 장부 작성

간편 장부는 회계 지식이 없는 사람이라도 쉽고 간편하게 작성할 수 있으며, 이에 의하여 소득세와 부가가치세의 신고가 가능하다.

연 매출액이 1억 5천만 원 이하일 경우에는 간편 장부를 작성하면 세액의 10%를 공제받을 수 있으며(연간 100만 원 한도), 특별한 이유가 없는 한 2년 동안은 세무조사를 면제받을 수 있다. 또한 장부를 작성하면서 생길 수 있는 오류나 미비점이 있더라도 장부대로 인정해 주는 등 다양한 혜택이 있다.

일 자	거래 내용	거래처	수입(매출)	부가세	비용(매입)	부가세	고정자산 증감
1.5	커피 기기	whoos	4,400,000	440,000			4,840,000
1.5	그라인더	whoos	600,000	60,000			5,500,000
1.6	커피 판매	진흥	150,000	15,000			
1.6	커피 구입	beans			200,000	20,000	
1.7	과 일	슈퍼			50,000	5,000	

• 작성 요령

① 거래 날짜순으로 매출(수입) 및 비용 관련 거래 내용(외상 거래 포함)을 모두 기재한다.

② 거래 내용란의 여백 또는 하단에 거래 유형(예 현금, 외상, 어음)을 표시한다.

③ 1일 평균 매출건수가 50건 이상인 경우에는 1일 동안의 총 매출 금액을 합계하여 기재할 수 있다(계산서, 영수증 발행 원본 보관).

④ 비용 및 매입 거래는 거래건별로 모두 기재하여야 한다.

⑤ 부가가치세 과세 특례자와 간이 과세자 및 부가가치세 면세사업자는 수입(매출)란의 금액란에 부가가치세를 포함한 공급대가를 기재한다.

⑥ 판매 가격과 부가가치세를 구분하여 기재하여야 한다.

⑦ 세금계산서 수취분에 대하여는 판매자가 과세 특례자, 간이 과세자, 일반 과세자 모두 매입가액과 부가가치세를 구분하여 기재하여야 공제받을 매입세액의 계산이 가능하게 된다.

⑧ 세금계산서, 계산서, 신용카드, 영수증의 발행분과 수취분에 대하여는 거래 내용란 하단 또는 비고란에 표시하여야 한다.

> **예** 세금계산서의 경우는 '세계'로, 계산서의 경우는 '계'로, 신용카드의 경우에는 '카드'로, 영수증의 경우에는 '영'으로 표시

⑨ 감가상각비, 대손충당금 및 퇴직급여충당금 등을 설정하고, 필요 경비로 계상하고자 할 경우에는 그 해당액을 비용란에 표기하고 명세서는 별도 작성하여 비치한다.

〈각 란 기재 요령〉

• 날짜란 : 현금 또는 외상 거래에 관계없이 거래가 발생한 날짜를 기준으로 기재한다.

• 거래 내용란 : 매출 또는 매입의 품명, 규격, 수량, 단가 및 참고사항 등을 요약하여 기재한다.

• 거래처란 : 거래 상대방의 상호, 성명 또는 전화번호 등을 기재한다.

• 수입(매출)란 : 매출이 발생한 합계 금액 및 영업외 수입을 기재한다. 부가가치세 일반 과세자는 공급가액과 부가가치세를 구분하여 기재하고, 간이 과세자 및 부가가치세 면세사업자는 부가가치세가 포함된 공급대가를 금액란에만 기재한다.

• 비용란

    – 원재료와 부재료의 매입 금액, 제조 원가 및 일반 관리비, 판매비(영업활동비) 등 사업에 관련된 모든 비용을 기재한다.

    – 세금계산서 매입분에 대하여는 매입가액과 부가가치세를 구분하여 기재하고, 비고란 등에 세금계산서 거래분임을 표시한다.

- 계산서, 신용카드, 영수증 매입분에 대하여는 금액란에만 기재한다.

- **고정자산 증감(매매)란**
  - 고정자산의 매입(설치, 제작, 건설 등 포함)에 소요된 금액 및 그 부대 비용과 자본적 지출 해당액을 기재하며, 고정자산의 매각분에 대하여는 매각 금액을 붉은색으로 기재하거나 금액 앞에 '–'로 표시한다.
  - 세금계산서 거래분에 대하여는 공급가액과 부가가치세를 구분하여 기재하고, 비고란에 세금계산서 거래분임을 표시한다.
  - 계산서, 신용카드, 영수증 매입분에 대하여는 금액란에만 기재한다.

- **비고란** : 세금계산서 및 계산서에 의한 거래 여부를 표시하거나 기초 및 기말 현재의 상품, 제품, 원재료의 재고액을 기재하는 등 적절하게 활용한다.

시설 · 설비의 관리

기기나 시설을 제대로 관리하지 않으면 5년 동안 쓸 기기를 2년 만에 교체하여야 하는 상황이 발생한다. 설비를 관리하는 것은 많은 정성이 필요하다.

관리를 제대로 해 주지 않으면 기기를 오랫동안 사용하지 못하게 되고 또한 음식을 만들어도 제맛이 나지 않기 때문에 기기에 대한 적절한 사용 방법을 이해하고 관리해 주어야 한다.

■ 에스프레소 머신 관리

- **에스프레소 기기 명칭**
  - 스팀 막대 : 스팀 막대는 우유를 데우고 우유 거품을 만들기 위해 필요한 장치이다. 스팀 막대를 이용하기 위해서는 스팀 밸브를 시계 반대 방향으로 돌리거나 스위치를 'On'으로 전환시켜주면 된다.
  - 추출 버튼 : 커피 추출 버튼은 원터치로 되어 있다. 커피를 추출하는 포터 필터의 추출구의 개수에 따라 1잔 혹은 2잔씩 추출이 가능하게 버튼이 있다. 추출 버튼과 함께 온수 추출구가 있으며, 추출량 세팅도 가능하다.

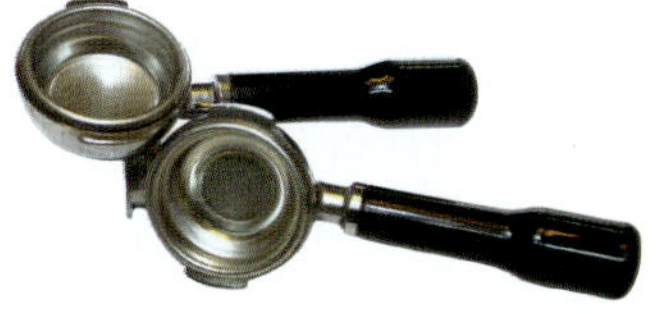

- 포터 필터 : 커피를 추출하기 위해 담는 그
  릇으로 기계와 직접 연결하여 추출한다. 필
  터는 손잡이, 추출구, 커피 담는 용기로 구
  성되어 있다. 커피를 추출한 후 즉시 청소해
  야 하고, 추출을 위하여 커피를 담을 경우 마른 행주로 닦아 물기를 없앤 후
  적당량(1잔에 7g)의 커피를 담아 추출한다.

- 메인 스위치 : 전원을 공급하는 장치로 다음
  의 순서대로 작동한다.
  ① 0에 위치 : 메인 스위치 Off
  ② 2에 위치(10초) : 기계 전반적인 전원 공급
  ③ 1에 위치 : 기계 전원 공급과 보일러 압력
    펌프 전원 공급(20분 후부터 사용 가능)

- 온수 공급구 : 97℃ 이상의 온수를 항상 공급할 수 있다. 버튼창에 온수를
  공급할 수 있는 버튼이 있다.

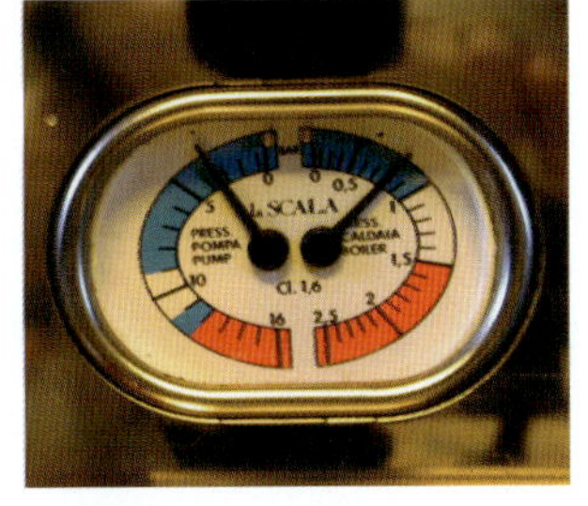

- 압력 표시창 : 압력 표시창에는 보일러의 압력
  과 추출 압력이 표시된다. 보일러의 압력은 전
  원을 Off하여 시간이 지나면 0bar에 위치하
  고, 전원을 On 상태로 하여 일정 시간이 지나
  면 1bar에 위치하는데 이때부터 사용이 가능
  하다. 추출 압력 계기판의 경우 보통 때는 현
  재 상태의 수압을 가리키고, 추출할 때는 보일러 압력의 계기판이 약 9bar
  로 움직임을 확인하여야 한다.

• 원터치 추출 계기판 세팅 방법

계기판의 버튼은 기기마다 모양이 조금씩 다르지만 세팅하는 방법은 거의 동일
하다.

기기의 추출 버튼을 보면 커피잔이 1잔 그려져 있는 것이 2~3개 있고, 2잔 그려

져 있는 것이 2~3개 있다. 그 나머지 버튼은 물방울 표시와 * 가 되어 있다.

① 아래의 버튼 중 오른쪽에 있는 " * "를 5초 정도 누르고 있으면 계기판의 모든 불이 들어온다.

② 가장 적당한 굵기의 원두를 포터 필터에 담고 적당한 힘으로 탬핑한 후 추출구에 끼워 넣는다.

③ 세팅을 원하는 버튼을 누르고 적당한 양이 추출되었을 때 다시 한번 눌러 주면 누른 버튼의 커피 세팅이 완료된다.

④ 다른 버튼들도 위의 ①, ②, ③과 같은 방법으로 세팅하면 된다. 온수 추출도 적당량을 세팅시켜주면 편리하다.

⑤ 세팅을 하다가 잘못 될 경우 전원 스위치를 끄거나 세팅 가능 스위치를 작동시켜 재세팅을 하는데, 잘못한 버튼만 재세팅하면 된다.

• 기기 세척

– 커피 추출구 직접 세척(1주일에 1회 이상)

① 커피 머신의 추출구를 아래에서 보면 미세한 철망으로 되어 있는 커피 추출구가 보인다.

② 커피 추출 버튼(＊표시)을 눌러 약 30초 동안 물을 흘려 보내 준다.

③ 티스푼을 홈에 끼워 넣고 지렛대를 움직이듯 철망을 꺼내거나 드라이버를 이용하여 나사를 빼낸다.

④ 빼낸 부품 모두를 뜨거운 물에 넣고 세척액 10g를 풀어 약 1~3시간 동안 담근 후 씻는다.

⑤ 고무 패킹의 글씨 부분이 위로 오도록 재조립한다.

– 커피 추출구 약으로 세척(1일에 1회)

① 포터 필터의 바스켓을 분리하고 모두 막힌 바스켓을 넣는다.

② 기기 청소약 5g을 넣고 커피 추출구에 채운 후 약 10초 동안 커피 추출을 해
  준다.

③ 멈춘 상태에서 5초를 기다린 후 다시 추출 버튼을 10초 동안 눌러 준다.

④ ③의 과정을 3회 반복한다.

⑤ 포터 필터를 꺼내어 충분히 세척한다.

⑥ 포터 필터를 막힌 바스켓을 분리한 후 정상 바스켓을 끼워 사용한다.

– 커피 추출구 약 없이 세척(1일에 2~3회)

① 포터 필터의 바스켓을 분리하고 모두 막힌 바스켓을 넣는다.

② 커피 추출구에 채운 후 약 10초 동안 커피 추출을 해 준다.

③ 멈춘 상태에서 5초를 기다린 후 다시 추출 버튼을 10초 동안 눌러 준다.

④ ③의 과정을 3회 반복한다.

⑤ 포터 필터를 분리한 후 정상 바스켓을 끼워 사용한다.

- 포터 필터와 부품 세척

① 1주일에 1회 이상 바스켓을 분리하여 세척약 10g을 푼 물에 담가 둔다.

② 물로 행궈 준다.

③ 락스나 주방세제에 담가서는 안된다.

- 스팀 밸브 청소

① 매일 아침 전원 스위치를 켜서 사용 가능한 압력(0.8~1.0 bar)에 도달 할 때까지 기다린 후 스팀 밸브를 약 10초 동안 완전히 열어 둔다.

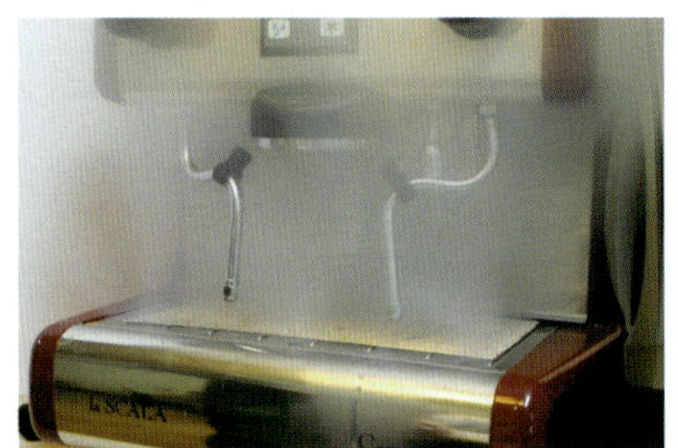

② 밸브를 완전히 잠그고 사용 가능 압력(0.8~1.0 bar)이 되었을 때 사용을 시작한다.

③ 매일 아침 시행한다.

④ 스팀 밸브의 끝부분이 더러워져 오염될 염려가 있을 때에는 샷잔에 뜨거운 물 1oz와 청소약 3g 정도를 풀어 3시간 정도 담가 둔다.

- 그라인더 청소

그라인더는 세 부분으로 나누어져 있다. 제일 윗부분은 커피를 담는 통(hopper)이고, 커피를 가는 부분과 커피를 갈고 난 후 저장하는 곳(doser)이 있다.

청소가 가능한 부분은 호퍼(hopper)와 더져(doser) 부분이다. 호퍼는 매일 기기 청소약을 넣은 따뜻한 물로 씻어주어야 하고, 더져는 브러시로 매일 청소해 주어야 한다. 또한 매일 아침 일을 시작하기 전 그라인더를 5초 정도 가동시켜 그라인더 몸체와 더져 사이에 있는 커피 잔량을 버려야 항상 일정한 맛의 커피를 제공할 수 있다.

- 정수기 필터 교환

정수기의 필터 교환은 주기를 잘 지켜야 한다. 종류에 따라서 1개월인 것도 있고 6개월인 것도 있다. 어떤 종류이든 정확한 주기를 확인하고 그에 맞춰 교환을 해주지 않으면 커피 맛이 떨어질 뿐 아니라 기기를 오래 사용하지 못하게 된다.

－ 연수기 관리

물 속에 함유된 각종 중금속 및 금속성 이온 성분(납, 수은, 아연, 크롬, 철, 칼슘, 마그네슘) 등의 불순물을 양이온 교환수지를 통하여 흡착·제거함으로써 거친 경수를 부드러운 연수로 만들어주는 경수 연화 장치(water softener system)를 말한다. 연수기 관리는 매월 해 주어야 한다.

① 연수기와 연결되어 있는 주방 기계의 전원을 Off 상태로 전환하여 꺼둔다.

② A의 방향은 물이 들어오는 방향이고, B는 물이 기계로 공급되는 방향이다 (평소 사용하는 방향).

③ A와 B의 밸브를 돌려 C, D 형태로 전환시키면 C 방향에서 약 2L의 물이 나온다. 나오는 물이 멈추면 위의 뚜껑을 열어 소금 약 1kg을 넣고 뚜껑을 잠근다.

④ 그림 3과 같이 밸브를 전환한 후 약 40분 정도 둔다. 이때 E의 호스에서는 물이 계속 흘러나오기 때문에 배수구로 흘려 보내야 한다. 수압이 약할 경우에는 1시간 정도 흘려보내 주어야 한다.

⑤ 밸브를 그림 4와 같이 전환하고 연수기와 연결된 주방 기계를 작동시킨다.

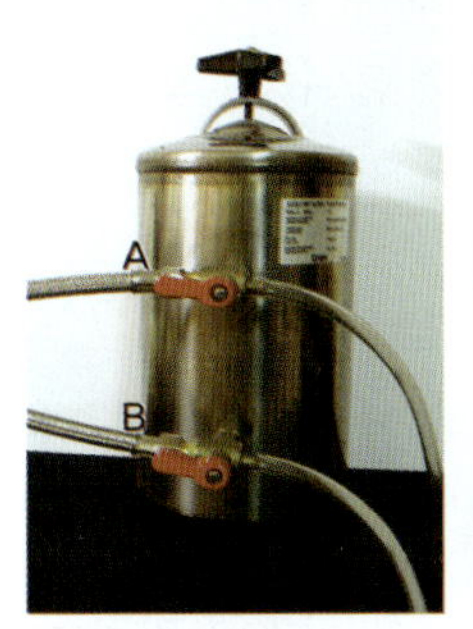

그림 1

그림 2

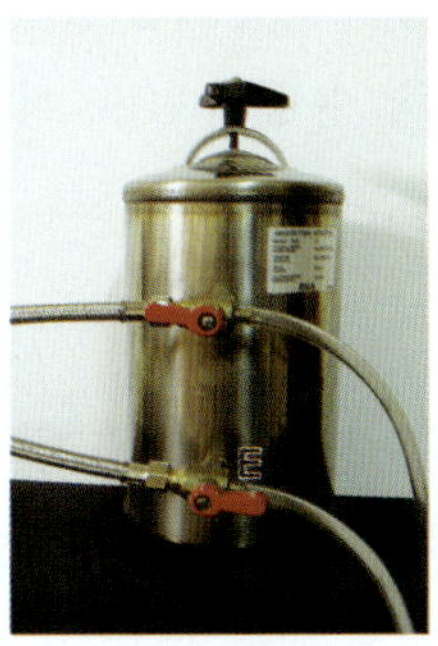

그림 3

그림 4

기타 기기 관리

■ 냉방 시설

매년 더워지기 전 예비 가동을 하고, 예비 가동시 냉방 온도에 적당하지 않으면 A/S를 요청하여 가스 주입을 해 주어야 한다. 또한 에어컨의 필터는 담배연기나 더러운 먼지들이 짧은 시간에도 흡착되기 때문에 자주 청소해 주어야 한다.

에어컨의 앞쪽 아랫부분을 앞으로 당기면 필터가 보인다. 물로 씻은 후 다시 끼워 사용하면 된다.

■ 제빙기

제빙기는 얼음을 얼리는 기기이다. 얼음을 얼리는 방법은 압축기에 의해 팬을 돌리면서 냉각을 해 준다. 제빙기 설치 장소가 제빙기와 딱 맞는 경우는 공기 순환이 잘되지 않아 쉽게 망가진다. 설치시부터 여유 있게 하며, 설치 후에도 양 옆이나 위에 물건을 두지 않는다. 제빙기의 필터도 세척해 주어야 한다.

일반적으로 제빙기의 앞부분을 보면 필터가 있다. 필터 보호막을 잡아당기면 필터가 나오는데 물에 빨아서 다시 제자리에 두면 된다.

■ 냉장 냉동 시설

냉장 냉동 시설은 오븐 등 열원 및 직사광선에서 멀리 떨어진 장소에 설치하는 것이 좋은데, 이런 장소에 설치하게 되면 냉장고의 적정 온도를 맞추는데 많은 전기가 소모된다(냉동실 : -18℃ 이하, 냉장실 : 5℃ 이하, 아이스크림 저장 : -13~-18℃).

식품의 수납량은 내부 용량의 70% 이하로 해야 효과를 충분히 볼 수 있으며, 주 1회 이상 청소 및 소독을 실시한다.

■ 조리 시설 관리

조리 기구 및 기기는 사용 후 반드시 씻어두어야 위생적이다. 오염되었거나 직접 식품에 접촉한 기구류는 작업 도중에도 자주 세척 및 소독을 하여야 한다. 기구 및 용기류의 세척 시설은 애벌 씻기, 열탕 소독 세척의 3단조 세척 시설이 바람직하다. 특히 잔들은 직접 입에 닿기 때문에 세척을 잘 해 주어야 하므로 식기세척기를 이용하면 편리하다.

식기세척기의 일반적인 세척 온도는 55~60℃이고, 린스시 온도가 85~90℃이기 때문에 대부분의 세균들은 살균된다. 식기세척기에 들어가지 못하는 주방 기구 및 용기류는 흐르는 깨끗한 물에 여러 차례 헹구어 씻는 것이 효과적이다.

휴지통과 식기세척기의 배수구 및 싱크대의 배수구는 매일 청소하고 소독을 해 주어야 한다.

■ 기타 주방 기기 소독

• 행주 : 자주 사용하는 물품으로, 세균 발생 가능성이 많기 때문에 매일 소독을 해 주어야 한다. 맑은 물에 깨끗이 헹궈낸 후 100℃의 물에서 30분 이상 삶거나 락스에 담가 살균한다. 마른 행주와 젖은 행주를 구분해서 사용하는 것이 위생에 좋다.

• 칼 : 사용 후 끓는 물에 1분 이상 담갔다가 말려 사용한다.

• 스푼 : 식기세척기나 손으로 깨끗이 씻어낸 후 건조시켜 보관한다.

• 컵, 접시 : 식기세척기에 깨끗이 씻어내거나 손으로 씻어낸 후 살균 건조기에 넣어 소독 후 건조한 곳에 보관한다.

• 우유 피처, 샷잔, 계량컵 : 사용 후 바로 깨끗한 물로 헹궈내 건조한다.

• 고무장갑 : 주방에서 사용하는 고무장갑으로 걸레를 빨거나 쓰레기통을 청소하는 등 다용도로 사용하지 않는다.

■ 고정 설비

모든 설비는 벽 또는 바닥에 맞도록 설치하여 이물질이나 먼지 등이 들어가지 않도록 한다. 주방 기기는 모든 면을 쉽게 청소할 수 있도록 충분한 공간을 유지하도록 설치한다.

특히 벽면과의 공간은 바퀴벌레나 곤충류의 서식지가 되지 않도록 청결하게 한다. 조리실에는 음식물 또는 원재료를 위생적으로 보관할 수 있는 냉장 냉동 시설을 갖추어야 한다.

■ **시기별 관리 계획(제안)**

시 기	청소 구역
일 별	컵, 식기, 스푼, 접시, 행주 등 기타 주방용품, 주방 및 Bar 바닥 벽 및 바닥 청소, 창고 및 화장실 청소 식기 세척기 배수통, 싱크대 배수통, 쓰레기통 에스프레소 머신 및 그라인더
주 별	에스프레소 머신 및 그라인더 청소 배수로 및 트렌치 청소, 유리창 청소
월 별	창고 대청소, 연수기 세척 관리
6월	정수기 필터 교환(6개월 주기)

■ **조리시 위생 수칙**

① 세척, 소독된 용기를 사용한다.

② 전 처리시는 비닐, 종이 등을 깔고 작업한다.

③ 조리장의 비오염 구역 및 조리대 위에는 원재료 상자나 바구니를 절대 두지 않는다.

④ 원재료는 위생적으로 취급하고 깨끗이 씻는다.

⑤ 음식을 조리할 때는 충분히 가열한다(75℃ 이상).

⑥ 조리되었거나 냉장 보관했던 위해 발생 가능한 음식은 74℃ 이상에서 15초간 음식 전체를 골고루 재가열한 후 제공하여야 하며, 2회 이상 재가열하지 않는다.

⑦ 차가운 음식을 조리할 때에는 냉장된 재료를 사용하고, 즉시 냉장 보관한다.

매장 및 직원 관리

■ 매장 관리

카페는 모든 부분을 점검하고 관리하여야 한다. 문을 열 때부터 닫을 때까지 한 가지 한 가지 확인하지 않고 일을 하면 정신이 없을 뿐더러 고객의 입장에서도 체계없이 운영하는 것처럼 보이기 때문이다.

카페를 운영할 때는 여러 명의 직원이 필요하다. 카페의 장소나 시간대에 따라 또는 고객의 타깃에 따라 필요한 인원은 달라진다.

각자의 적절한 임무가 없다면 아무리 인원이 많더라도 체계적으로 관리하지 못하게 된다.

• 오 픈

① 10시에 문을 연다면 카페의 주인이나 매니저는 9시 30분까지 도착하여야 한다. 2명이 같은 시간에 출근한다.

② 우선 커피기기와 식기세척기의 전원을 켜서 사용이 가능하도록 한다. 이 두 가지 기기의 경우는 전원이 공급되고 나서도 약 15~30분 가량 기다려야 사용이 가능하기 때문이다.

③ 다음은 각 테이블에 음식물 찌꺼기가 남아 있거나 흔적이 없는지 확인해야 한다. 밤에 깨끗이 치우고 가더라도 찌꺼기나 커피자국이 남아있는 경우가 허다하다.

④ 바닥을 청소한다. 우선 바닥 구석구석 빈틈없이 쓸어 준다. 청소기를 두고 사용하는 것도 좋다. 그 다음 대걸레로 바닥을 깨끗이 닦아 준다. 바닥이 먼지가 많이 나는 구조라면 교체하는 것이

우선이다. 바닥은 쉽게 청소할 수 있는 구조라야 한다.

⑤ 주방과 바(bar)로 가서 식기들이 깨끗한 상태인지 확인한다. 설거지를 마치고 난 후 그날 사용할 식자재를 준비한다. 각종 소스와 시럽들이 충분한지, 휘핑크림은 준비되어 있는지, 그날 사용할 과일은 충분한지, 빵과 케이크는 충분한지, 맛이 변한 물품은 없는지 등을 점검한다. 물론 고객들이 쉽게 사용할 수 있는 설탕과 냅킨, 컵 홀더 등이 제대로 세팅되어 있는지도 확인한다.

⑥ 향 커피나 일반 원두커피를 커피 메이커에 추출하여 커피향이 전체에 퍼지도록 한다.

⑦ 음악을 틀고 음량을 조절한다.

⑧ 전날 영업을 마치고 난 후의 매출 기록과 금고의 현금 내역을 확인한다. 당일 업무를 할 수 있는 현금과 은행에 예금하여야 할 금액을 정리하여 별도로 보관한다.

⑨ 모든 정리가 끝나고 커피를 공급할 수 있을 때 문을 열어야 손님들을 기다리지 않게 할 수 있다.

■ 운 영

• 고객 맞이하기

고객이 들어오면 기쁜 마음으로 맞아야 한다. 또한 몇 명이 왔는지, 금연석이나 창가의 자리를 원하는지 등을 파악하여 자리를 안내한다.

자리에 앉으면 메뉴판과 물, 재떨이를 가져다주고 잠시 물러나 있으면서 고객이 주문을 원하는지 파악한다.

눈짓이나 손을 들어 신호를 하면 주문을 받는다. 메뉴판을 덮을 때도 주문을 받는다는 신호이다. 하지만 오랜 시간동안 메뉴판만 만지

고 있다면 다가가 메뉴를 선택하는데 도움을 주는 것도 좋은 방법이다.

■ 주문받기

주문을 받는 방법에는 여러 가지가 있지만 가장 많이 사용하는 방법에는 두 가지가 있다. 이 중 가장 편리한 방법을 채택하는 것이 좋다.

- 주문서를 지참하고 고객에게 다가가 주문을 받은 후 카운터에 제출하고, 계산서와 메뉴 명령서를 받아 메뉴 명령서는 조리 관리자에게 전달하고 계산서는 손님의 자리에 가져다 놓는다.
- 1건당 3장의 계산서가 있는 주문서를 지참하고 고객에게 다가가 주문을 받은 후 1장은 고객의 테이블에 두고, 나머지는 가지고 와서 1장은 바(bar) 관리자에게 다른 1장은 카운터에 제시한다.

■ 메뉴 만들기

처음 시작하는 경우 아무리 교육을 잘 받았다 하더라도 주문된 메뉴를 만드는 것은 쉬운 일이 아니다. 시작하고 약 2주 동안은 제작 방법서를 보고 만들어야 할 것이다.

제작 방법서를 펴두고 만들기는 어려우므로 메모지에 재료와 방법을 요약해 정리해 둔다. 정리해 둔 메뉴는 다른 직원이 하더라도 그 적정량대로 만들면 맛에 큰 차이가 나지 않기 때문에 유용하게 사용할 수 있다.

■ 매장 내 고객 관리

고객의 테이블을 2~3분 간격으로 돌면서 물이 부족한지, 아니면 재떨이가 지저분한지, 응급 상황은 없는지 점검한다.

내부에서는 뛰거나 동료들과 큰소리로 웃으면서 이야기하는 것은 휴식이나 자기 시간을 원하는 고객에게 큰 피해를 주는 일이다.

모든 상황에서 고객에게 눈을 떼지 않고 관찰하여 필요한 것이나 불편한 사항이 있는지 점검한다.

■ 고객 마중

고객이 자리에서 일어나 계산서를 챙기는지, 소지품을 두고 일어서지 않는지 확인한다. 고객이 자리를 뜨면 쟁반을 가져와 조용히 치운다.

카운터는 고객이 전해주는 계산서를 받고 계산하여 돈을 받은 후 잔돈과 영수증을 주고 "감사합니다. 또 오세요" 하고 웃으며 인사를 한다. 이는 고객에게 다음에 다시 방문을 청하는 즐거운 느낌을 줄 수 있다.

■ 고객이 없을 때 관리

고객이 없을 때는 매장 내부를 정리한다. 예를 들면 카운터의 현금을 정리하여 큰돈은 별도로 보관을 하고 잔돈이 부족한지, 공과금을 낼 것은 없는지 등을 파악한다.

메뉴 담당자는 재료의 부족 여부나 기기의 청소 여부를 확인하고 정리정돈을 한다.

매장 관리자는 의자나 테이블이 흐트러져 있는지, 지저분한 곳은 없는지 확인하고, 고객이 들어올 때 반갑게 맞을 수 있도록 한다.

■ 폐점 관리

폐점할 시간이 되면 카운터는 금일 발생한 입출금 상황을 장부에 적고 매출액이 얼마인지, 계산서와 현금은 맞는지 확인하여 적당한 곳에 보관한다.

바(bar) 관리자는 식자재를 정리하고 기기를 청소한 후 기기의 전원을 차단시키고, 바닥의 물기가 없는지 확인한다.

행주나 식기들은 세척하여 다음날 사용할 수 있도록 건조시킨다. 매장 관리자는 각 테이블을 돌면서 지저분한 부분이 있는지 확인하고 이를 정리한다.

■ 직원 관리

• 점장(매니저, 점주)

점장을 매니저라고도 한다. 크기가 작은 카페의 경우 업주가 점장의 일을 대신한다.

점장의 가장 기본적인 역할은 점주와 직원들 간의 원활한 의사 소통이다. 점주의 카페 운영 방침을 충분히 이해하고 이를 직원들에게 전달하여야 하며, 직원들이 느끼는 점을 점주에게 전달하는 역할을 한다. 또한 매출의 목표를 잡고 목표 달성을 위해서 기획하며, 이에 맞게 직원들을 교육하고 지시하고 마케팅을 하여야 한다.

① 점장은 매출과 이익 관리를 하여야 한다.

② 점장은 적절한 매출을 이루기 위하여 주별, 월별, 계절별 마케팅 계획을 세워야 한다.

③ 매출액과 직원의 업무량을 파악하고, 적절한 인원 계획을 세워 모집 공고를 내고 직원을 충원한다.

④ 직원의 결근, 휴가 등을 확인하여 이에 맞게 적절한 인원 활용 대책을 세워야 한다.

⑤ 안정된 업무 분담으로 능동적으로 운영되도록 한다.

⑥ 직원들과의 충분한 대화가 필요하다.

⑦ 점장은 카페의 일과 매출, 직원에 대한 사항을 점주에게 보고하여야 한다.

⑧ 매뉴얼 개발 및 종업원을 관리·교육하여야 한다.

⑨ 카페의 서비스, 맛, 청결 상태를 점검 및 분석한다.

⑩ 고객들의 요구 사항에 항상 힘써야 한다.

⑪ 점장은 카페의 모든 기기 상태를 파악하고, 기계 구조를 이해하고 있어야 한다.

• 바(bar) 매니저

① 직원은 매뉴얼을 생활화하여야 한다. 만드는 모든 방법은 매뉴얼에 기록이 되어야 하며, 매뉴얼에 나와 있는 정량을 사용하여 순서에 따라 만들어야 한다. 사진이 나와 있으면 사진의 모양대로 만들어야 한다.

② 주방에서 상태를 파악하고 정리하며, 정기적인 청소가 필요한 부분은 일정을 잡아 청소를 한다. 특히 커피기기와 냉장고는 매일 관리를 하고 매주 청소를 한다.

③ 기기의 동선을 파악하고 어떻게 기기를 변경하면 수월한지 확인한다. 기기 등 설비 상태를 파악하고 유지, 보수할 곳을 점검하여 점장에게 알려야 한다.

④ 기술 이전을 하여야 한다. 함께 일하는 직원에 대한 기술 이전이 필요하다. 메뉴를 만들 때 한 사람만 알게 되면 카페의 운영에 있어 어려움이 많다.

⑤ 항상 청결을 유지하여야 한다. 고객들은 깨끗한 환경에서 만들어진 음식을 먹고자 한다. 특히 만들어진 음식에 불순물이 있거나 지저분하면 안된다. 모든 직원이 마찬가지이지만 바닥에 떨어진 쓰레기를 집을 때에는 비닐 장갑을 끼고 집어야 하며, 이 일을 마치고는 꼭 손을 씻어야 한다. 또한 화장실에 다녀와서도 꼭 손을 씻고 업무에 임해야 한다.

⑥ 점장이나 모든 직원들과 의사 소통이 쉬워야 한다. 분명 바(bar) 매니

저가 하는 일은 하나의 기술이다. 하지만 직원들과의 의사소통이 원활하지 않거나 친절하지 않다면 더 이상 필요없는 직원일 수도 있다.

• 매장 관리자

① 고객이 들어오면 가장 먼저 인사를 한다.

② 고객을 적당한 자리로 유도한다.

③ 고객의 의견을 충분히 듣는다.

④ 고객을 항상 웃는 모습으로 대해야 한다.

⑤ 바닥에 쓰레기가 떨어져 있을 때는 휴지나 비닐장갑을 이용하여 처리한다.

⑥ 항상 고객에게 눈을 떼지 말아야 한다.

■ 직원 채용

직원을 채용하는 것은 어려운 일 중 하나이다. 최근에는 카페에서 일하려고 하는 직원들이 없으며 궂은 일을 싫어한다.

직원들의 이직률을 낮추기 위해서는 기기적인 면에서 모든 시스템을 갖춰야 한다. 편하게 일할 수 있는 환경을 만들어 주면 직원들이 자부심도 느끼고 즐거운 마음으로 일하기 때문에 이직률이 현저히 낮아진다.

예를 들어 식기세척기를 도입하게 되면 설거지의 양이 많이 줄어 직원들의 일이 수월해진다. 또한 근무복을 지정하여 입게 되면 맘에 들지 않는다 하면서도 자부심을 갖게 된다.

시간제 아르바이트의 경우는 다른 곳보다 많은 급여를 주는 것도 중요하지만, 정식 직원처럼 아껴주는 점장의 마음이 더 중요하다.

• 필요한 직원의 숫자 파악(인원 계획)

몇 시부터 몇 시까지 영업을 할 것인지 결정을 하고, 그에 맞춰 필요한 최소 인원을 파악해야 한다. 주방이나 바(bar)에서 일할 사람, 서빙, 주차 관리, 결제 관리하는데 몇 사람이 필요한지 결정한다. 물론 한 사람이 이 모든 걸 할 수도 있다.

한 사람이 할 때에는 하루에 12시간이 넘어가면 무리가 된다. 그 일을 대신할 수 있는 직원이나 아르바이트 직원을 채용하든지 아니면 가족 중 함께 일할 수 있는 사람을 찾아야 한다.

직원이나 아르바이트를 채용할 때는 직원들을 시간대별로 어긋나지 않게 잘 배치하여야 한다. 직원들이 몇 시부터 몇 시까지 근무가 가능한지, 오전 혹은 오후만 가능한지, 아니면 주말만 가능한지 등을 확인하고 적절한 채용을 하여야 한다.

또한 주중에 바쁜지, 주말에 바쁜지도 확인하여야 한다. 이에 맞춰 직원을 채용하여야 원할한 관리가 된다.

• 모집 공고

모집 공고는 카페를 시작하기 전 인테리어를 할 때 카페의 앞에 필요 인원과 근무 시간, 연락처 등을 기록하여 공고한다. 또는 인터넷에 구인 구직 사이트, 아르바이트나 커피, 외식업에 관련된 동호회 사이트에서 구한다.

연락이 온 사람들에게는 연락처를 받아놓고 약속 시간을 정하여 만남을 갖는다.

• 면접, 채용

면접을 하기 전에 연락을 하는 대부분의 구직자들은 근무 시간과 급여 등을 확인하고 면접을 보게 된다. 기본적인 급여의 정도나 필요한 근무 시간을 파악하고 채용해야 한다.

면접을 할 때에는 첫 인상을 가장 중요시 한다. 카페에서 직원이 해야 할 일 중 하나는 고객과 처음으로 대면하는 일이다. 이때 좋은 인상을 주면 고객들이 즐거운 마음으로 찾아 오게 된다.

어느 시간대와 어느 요일에 근무가 가능한지 확인하고, 채용 여부를 후에 통보해 준다.

• 교 육

교육은 아무리 강조해도 지나치지 않다. 어떤 조직이든 교육을 실시하는 조직은 성장 · 발전하고, 교육에 신경을 쓰지 않는 조직은 쇠퇴하기 마련이다.

카페에서 직원 교육은 일단 메뉴를 잘 만드는 것이다. 대부분의 카페에서 직원들의 이직률이 높다는 이유로 교육을 제대로 하지 않고 메뉴를 만드는 경우가 있다.

고객들이 커피 맛을 모른다고 생각하는 경우가 많은데 그렇지 않다. 커피의 맛 차이는 현저하며 사람에 따라, 만드는 방법에 따라 달라진다.

고객의 입장에서 지난번과 같은 메뉴에서 다른 맛이 난다면 그 카페에 대한 신뢰도는 떨어지게 된다. 이때 발생하는 카페의 손실은 엄청나다. 아무리 이직률이 높다 하더라도 잘 가르쳐야 한다. 그 직원을 위해서가 아니라 바로 본인의 카페를 위해서이다.

또 교육을 하여야 할 부분이 고객 서비스이다. 카페에서 서비스는 무형의 판매 상품이라는 사실을 잊지 말아야 한다. 매월 교육 계획을 세워도 좋고 특별 교육 계획을 세워도 좋다. 이러한 교육이 이직률을 낮추는데 큰 도움이 된다.

■ 방화 관리

불이 나면 재산상의 피해뿐 아니라 인명 피해도 심각하기 때문에 철저한 관리가 필요하다.

화재 때 발생하는 화염, 연기, 유독 가스의 3가지 요소를 생각해야 한다. 화염의 복사열(輻射熱)이 화재를 발생시키거나 전체로 번지기 전에 소화기를 사용하여 불을 제거하여야 한다.

비상구에는 절대 물건을 비치하지 않고 비상시에 탈출할 수 있도록 한다. 화재가 발생했을 경우 급속히 연기가 확산되는데 연기가 날 경우 앞이 보이지 않고 호흡 장애가 발생한다. 연기는 초당 0.5~0.8m를 이동하며, 위로는 초당 4m를 이동한다.

화재가 발생할 수 있는 가능성이 많은 부분은 전기의 과부하와 전기의 합선, 담뱃불, 난방연통, 난로, 자연 발화이다. 특히 담뱃불에 의한 발화는 1~4시간이 소요되기 때문에 문을 닫기 전 꼭 점검을 하고, 휴지통도 꼭 확인한다.

■ 화재 예방법

카페에서 화재가 발생할 가능성이 높은 곳은 전기 시설과 난방 시설, 가스 시설
이다.

• 전기 시설

① 오래된 전기기기 사용 금지

② 문어발식 코드 사용 금지

③ 퓨즈가 나갔을 때는 꼭 전문가에게 요청

④ 누전 차단기 설치 및 배선용 차단기 설치

• 난방 시설

① 난방 기구 옆에 인화성 물질을 놓지 않는다.

② 사용 도중 연료 공급하지 말 것

③ 점포에서 나갈 때 꼭 꺼짐 확인

• 가스 시설

① 가능한 한 가스 사용 금지

② 중간 밸브 항시 차단

③ 과열시 자동 차단 장치가 있는 가스레인지 사용

■ 화재 발생시 대처

① 작은 화재일 경우 소화기를 이용하여 대처한다.

② 화재 상황을 119에 알린다.

③ 고객들에게 비상 상황을 알려 질서 있게 대피시킨다.

④ 낮은 자세로 신속하게 대피를 하며, 유독 가스가 많을 경우에는 옷이나 손수
   건에 물을 묻혀 코와 입에 대고 대피한다.

Marketing

05 마케팅

고객이 카페에 들어올 때 장소나 가격, 서비스, 맛 등을 보고 방문하게 되는데 이들을 알리는 것이 마케팅이다.

마케팅의 정의를 보면 생산자가 상품 또는 서비스를 소비자에게 유통시키는 데 관련된 모든 체계적 경영 활동이라고 되어 있다. 간단히 말하면 판매 촉진 전략이다.

"아무리 좋은 커피전문점이라도 마케팅을 잘해야 성공한다."

사인 계획

■ 간 판

카페에 있어서 가장 중요한 마케팅 전략 중 하나는 간판이다. 간판은 카페의 존재와 위치를 알리는 설치물로 사업의 모든 내역이 압축되어 있는 광고물이다.

동일한 상권의 점포들을 비교해 보면 얼마나 중요한지 알 수 있다. 한곳은 불이 약한 입간판과 돌출간판이 있고, 다른 한곳은 먼 곳에서도 한눈에 알아 볼 수 있는 카페가 있다. 매출을 비교해 보면 2배 이상이다.

눈으로 보아 분위기 있어 보이기 때문에 많은 사람들이 찾는 것이다. 대부분의 외국계 브랜드 체인점들을 보면 색깔도 특이할 뿐더러 글씨도 크다. 눈에 잘 뜨이는 간판인 것이다. 이것을 시계성이 좋은 간판이라 한다.

• 시계성이 좋은 간판의 특징

① 눈에 가장 잘 띄는 곳에 있다.　② 다른 간판의 색상과 차별화 되어 있다.

③ 점포의 업종이 무엇인지 잘 띈다.　④ 배색의 효과를 잘 활용한다.

⑤ 간판의 조도가 밝다.　⑥ 글씨의 수가 적고 크다.

⑦ 정형화된 형태가 아니다.

이런 기준으로 간판을 제작하고 도로의 형태나 구조물, 기존 다른 업체의 간판과 배치성 등을 고려하여 간판을 제작해야 한다. 보조 간판이나 입간판도 설치하여야 한다. 이때 색다른 차양이나 옥외 파라솔을 설치하는 것도 좋은 아이디어 중 하나이다.

간판은 옥외 광고물이기 때문에 설치할 때에는 시청이나 구청에 신고하여야 한다. 또한 기존 건물에 부착되어 있는 간판이 카페를 가렸다 하여 임의로 철거할 수 없으므로 주의하기 바란다.

■ 쇼윈도

카페가 있는 곳을 사람들이 지날 때 내부의 분위기를 보고 이끌리는 경우도 많다. 외부에서 느껴지는 분위기가 지저분하다면 절대 찾지 않는다.

이처럼 쇼윈도는 고객에게 점포에서 판매하는 상품과 분위기, 서비스의 특성과 가치를 충분히 전달하는 중요한 공간이다.

쇼윈도에 지저분하게 많은 내용이 있는 것 보다 특별 메뉴나 이벤트 소식 등을 알리고 깨끗하게 만들어야 한다. 외부에서 볼 때 어두컴컴한 분위기는 손님들을 멀리하게 한다.

행 사

■ 오픈 행사

카페에서 오픈 행사를 하는 경우는 극히 드물지만 이벤트를 하면 효과는 볼 수 있다.

오픈 행사는 다른 업소에서 하는 일반적인 행사이어서는 안되고 커피 시음 행사나 일정 기간 할인하여 주는 쿠폰 행사, 개업하는 날과 다음날 2일 동안 50% 할인 행사 또는 일정 기간 사용할 수 있는 무료 음료권 등을 나눠주는 행사가 적합하다.

■ POP 광고

카페에 있어 새로운 계절 상품이 있을 때나 음료 할인 기간 또는 특별 시간 할인 행사를 할 때 POP 광고를 할 만하다.

POP의 가장 대표적인 예는 일정한 크기의 종이나 플래카드에 말하고자 하는 내용을 눈에 잘 띄게 적어 게시하는 것이다.

가격 전략

가격으로 마케팅 하는 방법이 몇 가지 있다.

■ 유인 가격제

소위 미끼 상품이라 한다. 메뉴의 가격을 저렴하게 하여 카페의 매출뿐 아니라 다른 메뉴의 매출도 높이는 방법이다. 한 가지나 두 가지 정도를 기본 마진만 붙여 판매한다.

■ 세트 가격

고객들에게 다양한 메뉴를 판매함으로써 객단가를 높이는 방법이다. 새로운 메뉴가 나왔을 때도 활용할 수 있는 방법이다.

■ 특별 행사 가격

특정 기간 동안 특별한 메뉴에 대하여 할인 판매하는 방식이다. 예를 들면 여름이 시작될 무렵 팥빙수를 맛있게 만들어 행사 가격으로 판매하고, 지속적으로 고객들에게 방문하도록 유인하는 방법이다.

입학기간, 졸업기간, 밸런타인데이, 화이트데이, 성년의 날, 1주년 기념 등 다양하게 계획을 세워 진행할 수 있다.

■ 메뉴판 가격 설정

가격을 설정할 때 가장 부담이 없는 메뉴와 가장 잘 팔리는 메뉴를 앞에 두고, 이를 기준으로 500원에서 1,000원씩 가격을 조절하여 판매하는 방식이다.

기본 가격이 낮기 때문에 고객이 느끼는 가격에 대한 부담을 줄이는 방법이다.

이미지 관리

- 사업장의 청결을 수시로 점검한다.
- 작업장의 소음은 가능한 한 줄이고 번거롭지 않게 한다.
- 고객 카드를 배치하여 고객 의견을 적극 수용한다.
- 기타 비용이 저렴하고 손쉬운 광고의 예

　① 명함 뒷면에 '커피 한잔을 무료로 즐기세요.' 라는 문구를 넣어 지나가는 사

람들에게 나누어 준다(이 때 기한은 명시하여야 한다).

② 플래카드를 달아 놓는다(Grand Opening Special!!).

③ 하루 중 제일 한가한 시간대에 'happy hour'를 정해 일정률을 할인해 준다.

④ 펀치 카드나 스탬프 카드를 만들어 10잔이나 12잔 커피를 마시면 1잔을 무료로 주는 프로그램을 준비한다.

⑤ 선불카드를 준비해 선물로도 줄 수 있고, 잔돈이 없을 때도 커피를 마실 수 있게 편의를 마련한다.

⑥ 매일이나 매주 스페셜 메뉴를 한 두 가지 준비해 눈에 띄게 적어 놓는다.

⑦ 계절 스페셜 메뉴를 만들어 특별 판매를 한다.

⑧ 로고를 프린트한 머그컵을 팔고 그날은 머그컵에 원하는 커피를 무료로 주고 다음부터 그 컵을 가져오는 손님은 할인해 준다. 원두커피의 리필도 가능하게 하면 더욱 효과적이다.

■ 참고 문헌

• The Joy of Coffee, Corby Kummer Houghton Mifflin, 1995
• ESPRESSO!, Huffaker, Wiley, 1995
• The Coffee Lover's COMPANION, Rosen, Birch Lane Press, 1997
• Espresso caffee professional Techniques, Schomer, PBP, 1996

에필로그

　세 명의 젊은이가 함께 꿈을 꾸었고, 그 꿈을 꾸는 시간은 너무도 행복했다. 그 많은 꿈들 중 하나의 꿈이 현실이 되는 것을 경험하였다. 그 현실이 된 꿈이 바로 『자유를 꿈꾸는 이들을 위한 커피하우스 창업하기』라는 책이다. 모두가 글을 써서 책을 내는 것은 처음이었기에 많은 시간과 노력이 필요했다. 기획을 하고 그림을 찾고 또 사진을 찍고 탈고를 하고 출판사를 찾는 여러 과정들. 그 시간들을 포기하지 않고 끝까지 마무리 할 수 있었던 것은 우리들의 열정 때문이었다. 우리의 열정은 꿈이며, 그것은 '자유'에 대한 갈망이었다. 그 자유에 대한 꿈이 우리를 만나게 했고, 우리를 움직이게 했으며 수많은 아이디어와 추진력, 그리고 인내를 낳았다. 그러며 '꿈'을 향한 한걸음을 내딛었고 조금 가까워졌음을 느꼈다.

　그렇게 꿈을 향한 자유를 향한 한걸음 한걸음을 걸어왔다. 때론 성취의 기쁨을 맛보고, 때론 넘어지고 쓰러져서 아파하기도 했다. 다시 일어나 또 앞으로 나아가곤 했다. 그러한 시간 속에 시간은 흘러 2판 수정을 위해 3명의 공동 저자들이 오랜만에 만났다. 이 책을 기획하고 탈고하기 위해, 애썼던 그 시간들이 새록새록 새롭기만 한데, 벌써 1판 1쇄를 낸 지 6년여의 시간이 흘렀다. 과거의 시간을 회상할 때면, 언제나 그렇듯이 너무나 빠른 시간을 다시 한 번 느끼지만 순간순간 최선을 다해왔기에 애써 스스로 위로를 해본다. 일기일회(一期一會)라는 말이 있다. '지금 이 순간은 생애 단 한 번의 시간이며, 지금 이 만남은 생애 단 한 번의 인연'을 뜻하는 말이다. 6년 전 우리가 같이 모여 꿈과 열정을 불사를 때 그 당시는 몰랐지만, 일기일회의 정신으로 충만했던 것 같다. 미약하지만, 집중력 있게 매진했던 그 경험이 우리를 변화시키고, 발전시켰다고 감히 말하고 싶다.

카페를 창업하는데 이 책이 작은 도움을 줄 수 있다면 더 바랄 것이 없겠지만, 한 가지만 더 당부하고 싶은 것은 지금 꿈꾸고 준비하는 그 모든 순간순간을 마지막이라는 마음으로 충실히 그리고 즐겁게 쌓아가기를 바란다.

나에게 가장 소중한 시간은 바로 '이 순간'이고 나에게 가장 소중한 사람은 바로 '지금 내 옆에 있는 사람'임을 평생 모든 순간 잊지 않고 살아간다면 더 많은 시간이 지난 후에도 우리는 후회하지 않을 수 있을 것이다.

또한 그 순간순간들을 통해 함께 꿈꾸고 그 꿈을 현실로 만들어 갈 수 있는 누군가가 있다면 더 이상 즐거울 수 없을 것이다. 우리 공동 저자 세 명은 그런 행복을 이어가고 있다. "한 사람의 꿈은 꿈이지만, 만인의 꿈은 현실이다."라는 말이 있다. 어떤 꿈도 함께 꾸면 현실로 이루어질 수 있다는 말이다. 첫 번째 꿈의 단추를 채우고 그 후 6년간 또 많은 꿈들을 꾸어 왔고, 앞으로도 많은 꿈들을 꾸고 또 그 꿈을 이루기 위해 열정을 태울 것이다.

마지막으로 우리를 만나게 하셨고, 우리에게 꿈을 주시고 진정한 자유를 주시는 하나님 아버지께 찬양과 감사를 드린다. 앞으로도 하나님이 주시는 꿈을 꾸고 그 꿈을 이루시는 도구가 되기를 기도하며, 지금까지 우리와 잠시라도 만난 모든 분들과 책을 통해 지금 만난 많은 분들, 앞으로 만날 모든 분들을 축복하며 글을 마칩니다.

재후, 용호, 상우